MANUEL

DU

CHIMISTE BRASSEUR

EN VENTE A LA MÊME LIBRAIRIE

Manuel pratique de la Fabrication de la Bière par P. BOULIN, chimiste-industriel ; un gros volume in-16, avec figures dans le texte et une planche (plan d'une grande brasserie). — Préparation du malt. — Brassage. — Le moût. — Houblonnage. — Fermentation. — Levure. — Mise en levain, etc. — Les fûts. — Caves. — Clarification. — Diverses méthodes de brassage. — Analyse. — Falsification, etc
Prix. . . . . **9** fr.

Tables du degré de fermentation et du rendement en extrait donnés immédiatement sans calcul. par Jean STAUFFER, professeur à l'Ecole de brasserie de Munich. 1 grand volume in-8 de 964 pages. Cartonné toile. Prix . . . . **10** fr.

Dictionnaire de Chimie industrielle, contenant toutes les applications de la Chimie à l'Industrie, à la Pharmacie. à la Métallurgie, à l'Agriculture, à la Pyrotechnie, et aux Arts et Métiers, avec la traduction russe, anglaise, allemande, espagnole et italienne des principaux termes techniques, par M. A.-M. VILLON, ingénieur-chimiste, professeur de technologie chimique, et par M. P. GUICHARD, Président de la Société de Pharmacie, Membre de la Société chimique de Paris ; 3 beaux volumes in-4, 2.300 pages, 1.200 figures. Prix : Broché. . . . . . . **75** fr.
Relié en 2 vol., demi-chagrin . . . . **80** fr.

On vend séparément :
Le tome Ier, **30** fr. ; le tome II, **25** fr. ; le tome III, **25** fr.

Formulaire général des réactions et réactifs chimiques et microscopiques, comprenant les réactions et réactifs usités en analyse. Papiers réactifs et indicateurs. Procédés microscopiques de coloration simple, double ou triple des coupes ou préparations. Formules de solutions microbiologiques fixantes, clarifiantes, antiseptiques, décalcifiantes, désagrégeantes, etc. Formules de masses d'injection, d'inclusion, de montage. de ciments, pour préparations, etc., etc., par Raoul ROCHE : un beau vol. in-8. Prix : Cartonné toile . . . . **9** fr.

REVUE DE CHIMIE INDUSTRIELLE

REVUE

DES PRODUITS CHIMIQUES, COULEURS, TEINTURE, MÉTALLURGIE. DISTILLERIE. PYROTECHNIE, ENGRAIS, COMESTIBLES, ANALYSES INDUSTRIELLES, ÉLECTROCHIMIE

Réunie avec la

Revue de Physique et de Chimie et de leurs applications industrielles
Fondée par **MM. SCHUTZENBERGER et LAUTH**

Paraît depuis 1890. Chaque année forme un beau volume in-4

Prix de chaque vol : **15** francs

PRIX DES ABONNEMENTS (du 1er janvier de chaque année)

France et Colonies . . **12** fr. | Etranger . . . . . **15** fr.

Spécimen gratuit à toute personne qui en fait la demande

BIBLIOTHÈQUE DES ACTUALITÉS INDUSTRIELLES. N° 147

MANUEL

DU

CHIMISTE BRASSEUR

PAR

E. FONTAINE

Chimiste. — Essayeur du Commerce
Ancien Brasseur

Avec 61 figures dans le texte.

PARIS

Librairie Bernard TIGNOL

53 *bis*, Quai des Grands-Augustins

BRUXELLES

Librairie A. RUFENACHT

26, rue des Loxum

CHAPITRE PREMIER

APPAREILS ET RÉACTIFS

L'installation d'un laboratoire de brasserie ne nécessite pas une grande dépense, surtout si le chimiste veut se limiter aux essais approximatifs ; mais l'analyse approfondie de la bière ainsi que celle des matières premières entrant dans sa composition exige un laboratoire outillé.

Avant d'aborder les méthodes d'analyses nous allons décrire les principaux appareils indispensables ou pouvant entrer dans un laboratoire de brasserie.

Un instrument indispensable à tout chimiste c'est la balance, pour le choix de laquelle on ne saurait apporter trop de soins.

Il est nécessaire de posséder plusieurs balances :

La plus importante est la balance d'analyse qui doit être sensible au 1/5 de milligramme et robuste assez pour supporter une charge de **200** grammes dans chaque plateau.

Cette balance pourra être, soit à fléau long, soit à fléau court, mais pour la rapidité des pesées, il est plus commode de prendre la balance à fléau court.

La figure **1** représente un modèle construit par la maison Brewer Frères de Paris.

Cette balance dont la sensibilité dépasse le 1/10 de milligramme pour une charge de **200** grammes dans

Fig. 1.

chaque plateau se recommande par la solidité et la grande simplicité de sa construction, tout en réunissant les qualités requises, de *Constance* et de *Rapidité* dans les pesées.

La rapidité est très grande, car à chaque pesée l'aiguille, partant de la verticale ou O, décrit une demi-courbe, sur la plaque en ivoire divisée, du côté opposé à l'excédent de poids et revient à son point de départ sans le dépasser, puis repart de nouveau.

On supprime ainsi ces longues oscillations doubles et

inégales à droite et à gauche de la verticale ou O. La durée de la pesée est donc réduite au minimum, sans qu'il y ait besoin de viseurs ou d'amortisseurs compliqués.

Le fléau porte trois couteaux prismatiques : un médian qui sert à la suspension du fléau lui-même, et deux autres situés aux extrémités. L'arête de ceux-ci, tournée en haut, reçoit la base de l'étrier mobile, auquel est suspendu chaque plateau.

Les trois couteaux, de même que la base des étriers et le plan de suspension, sont en agate, afin d'éviter l'oxydation.

Les plateaux doubles sont très utiles lorsque, la capsule étant un peu grande, il n'est plus possible de mettre des poids à côté pour rétablir l'équilibre dans la double pesée. — Les poids sont alors mis sur le plateau supérieur.

La cage vitrée est en acajou massif verni, avec porte à coulisses et à contre-poids, ce qui permet de l'ouvrir sans secousses, ni chocs, conditions essentielles pour la bonne conservation de cet instrument.

De petites vis à molette, placées aux *extrémités* du fléau, permettent de rétablir l'équilibre de la balance, lorsque, par une cause quelconque, cet équilibre se trouve compromis.

Il est nécessaire de posséder ensuite une balance pouvant porter un kilo et sensible encore au **1/2** décigramme. Quoique la chose ne soit pas indispensable, il est bon de posséder un petit trébuchet pouvant porter **50** grammes pour les petites pesées de demi-précision (fig. **2**).

La balance de précision doit être placée sur une table reposant sur consoles scellées dans un mur, on évite ainsi les trépidations que l'on aurait si la balance reposait sur une table ordinaire.

Il faut éviter de placer la balance trop près d'une source de chaleur, ou sous l'influence des rayons du soleil. Dans tous les cas on ne devra jamais peser de

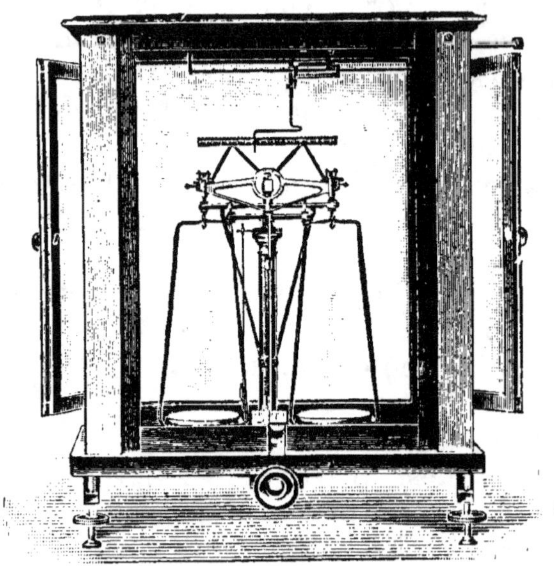

Fig 2.

capsules chaudes, ce qui aurait pour but de déterminer des dilatations dans les organes de la balance. Les capsules ou autres ustensiles devront préalablement être refroidis dans un appareil spécial (voir exicateur).

Lorsqu'on possède une bonne balance, il n'est pas nécessaire d'employer le système des doubles pesées, qui est une complication inutile.

Lorsqu'il s'agit de peser le résultat d'une analyse il est préférable de mettre la capsule à peser dans le plateau gauche de la balance, de cette façon on a le plateau droit en face de la main droite, et la manipulation des poids est plus commode. S'il s'agit, au contraire, de peser un poids fixe de matière, il vaut mieux mettre les poids dans le plateau gauche, puisqu'on les met une fois pour toute et on place la matière à peser dans le plateau droit qui est ainsi à portée de la main droite.

Chaque fois que l'on charge ou que l'on retire un poids, fut-il même de 1/2 mmg., il faut avoir soin d'immobiliser la balance. Cette précaution est indispensable si l'on ne veut pas abîmer ses couteaux rapidement. La pesée des corps à analyser peut se faire de différentes façons :

Par exemple pour le dosage de l'azote dans le malt, on se contente souvent de peser 1 gramme de la matière pulvérisée sur un morceau de papier glacé dont on a fait la tare. On admet qu'aucune particule de matière n'adhère au papier Mais pour les pesées rigoureuses, il est préférable de peser le papier après le versement de la matière afin de s'assurer qu'aucune particule n'adhère au papier.

Pour les pesées de grande précision, on opère comme suit : On met une pincée de la matière à analyser dans une petite nacelle en verre qu'on place dans le plateau de la balance de précision, à l'aide de grenaille de plomb placée dans l'autre plateau on établit l'équilibre.

On vide alors la nacelle dans le vase *ad hoc* et on la reporte vide dans le plateau de la balance.

Naturellement l'équilibre est rompu. On le rétablit en ajoutant des poids marqués dans le plateau contenant la nacelle. Lorsque l'équilibre est rétabli, les poids ajoutés à côté de la nacelle indiquent le poids de matière pesée.

Cette méthode n'est employée que pour les pesées absolument rigoureuses.

Excicateur. — Il consiste le plus souvent en une cloche rodée, reposant sur une glace de verre dépolie.

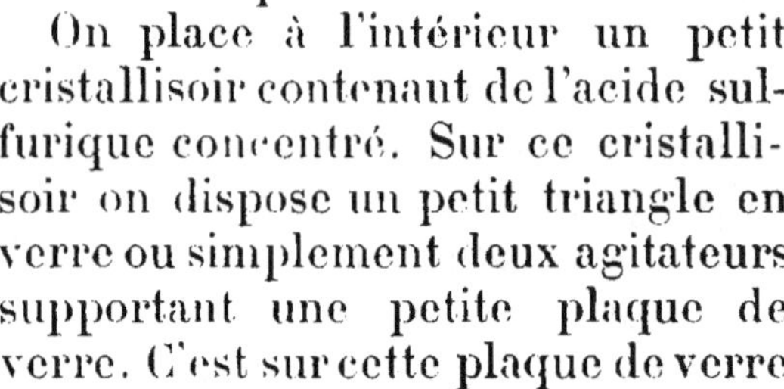

On place à l'intérieur un petit cristallisoir contenant de l'acide sulfurique concentré. Sur ce cristallisoir on dispose un petit triangle en verre ou simplement deux agitateurs supportant une petite plaque de verre. C'est sur cette plaque de verre

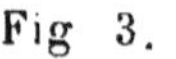

Fig 3.

qu'on dispose les objets à dessécher (fig. 3). Il est préférable de prendre une cloche tubulée dans le haut, on peut alors relier cette cloche à une trompe à vide, pour

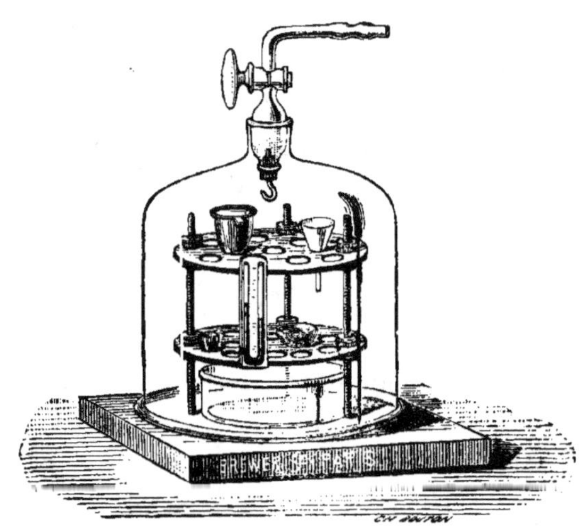

Fig. 4.

le cas où la dessication devrait se faire dans le vide (fig. 4).

Trompe à eau. — La trompe à eau est la machine pneumatique la plus pratique pour le chimiste. D'un prix modique, son installation ne nécessite que quelques minutes. Il suffit en effet de relier le tube A à un robinet d'une conduite à eau quelconque, et la tubulure D à l'excicateur.

L'eau en passant par le tube A avec une certaine vitesse, entraine en sortant par l'orifice C qui est de **3 m/m.** de diamètre, l'air qui arrive par la tubulure D.

Cet appareil fonctionne avec une pression d'eau de 4 mètres ; mais il est préférable d'avoir une pression de **8 à 10 mètres.**

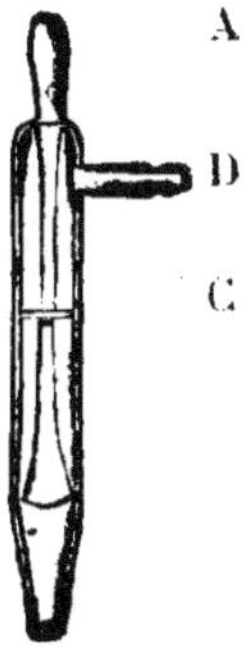

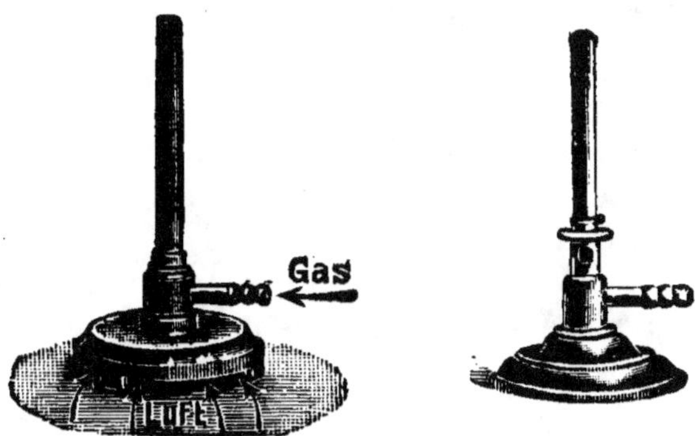

Fig. 5.

Appareils de chauffage.

Becs Bunsen. — Dans les laboratoires ayant le gaz d'éclairage, on se sert comme appareil de chauffage de becs Bunsen.

Dans ces brûleurs, le gaz se mélange à l'air et donne une flamme bleue produisant le maximum de chaleur. Il se construit des becs sans régulateur d'air,

Fig. 6.　　　　　Fig. 7.

c'est-à-dire que l'air afflue par le bas du brûleur sans qu'il soit possible d'en régler le débit (fig. 6).

Le modèle le plus courant est représenté par la figure 7.

En tournant une petite virole placée dans le bas du bec, on règle l'arrivée de l'air, ce qui permet d'obtenir une flamme plus ou moins chaude. La figure 8 représente un Bunsen à robinet et à veilleuse, ce modèle est dit à flamme économique. Il est très commode pour les chauffages intermittents. En effet, lorsque le robinet est fermé une petite flamme persiste à l'orifice du bec, de sorte qu'en ouvrant le robinet du bec on obtient immédiatement une flamme. Le modèle de la figure 9

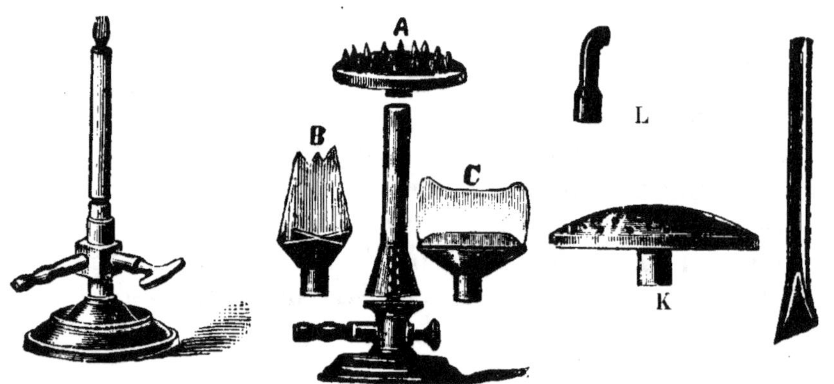

Fig. 8.   Fig. 9.

représente le bec de Téclu qui est une modification du bec Bunsen.

Les petits couronnements L, K, I, s'adaptent sur les becs Bunsen, et servent à obtenir des flammes de différentes formes. A et B sont des petits supports s'adaptant sur les Bunsen et pouvant supporter des petites capsules.

Bain de sable. — On peut se construire un bain de sable avec une tôle de fer de 10 cm. sur 20 cm. dont on a relevé les bords. On place cette tôle sur un bec Bunsen et on dispose sur la tôle une couche de 10 à 15 m/m. de sable blanc.

Bain-marie (fig. 10). — Nous recommandons tout spécialement les bains-marie à niveau constant. Ces petits appareils sont en fonte, émaillés à l'intérieur. Le dessus est formé par un ensemble de cercles concentriques en cuivre rouge, ce qui permet de chauffer des vases de différentes grandeurs. Un niveau constant complète l'appareil.

Étuve. — Il s'en construit de différents modèles. Les étuves à chaud de Wiesnegg (fig. 11), sont de bons instruments ; le petit modèle vaut environ

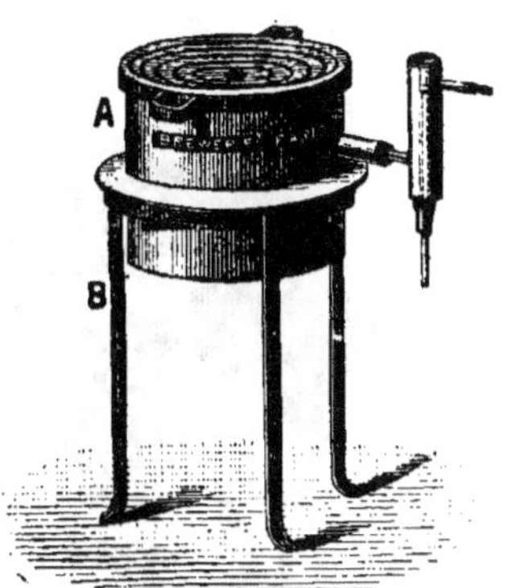

Fig. 10.

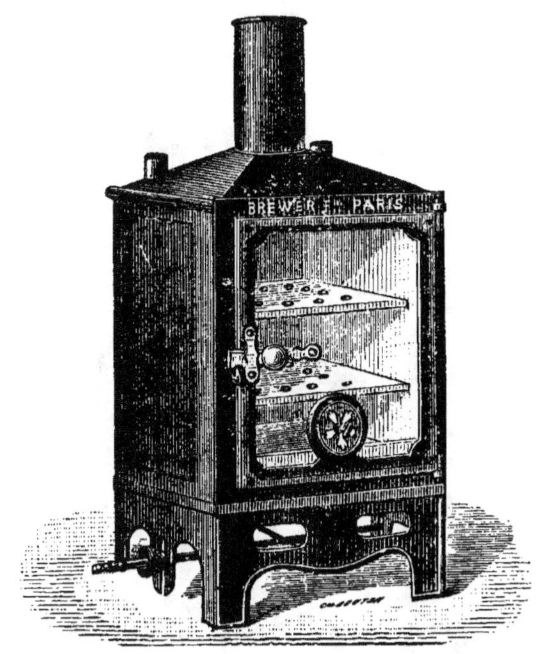

Fig. 11.

110 francs. Mais si on est limité dans les dépenses de

Fig. 12.

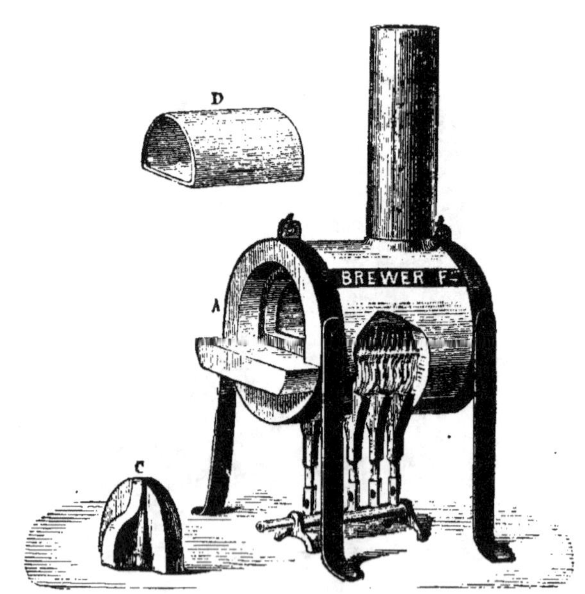

Fig. 13.

première installation on pourra se contenter de l'étuve de Gay-Lussac qui fonctionne à l'huile ou à la paraffine. Cette étuve vaut de 50 à 60 francs (fig. **12**).

Four à incinérer (fig. **13**). — Le petit fourneau à moufle, avec moufle de 180, 105, 65 m/m. chauffé par 5 becs Bunsen et coûtant 40 francs est suffisant.

Pipettes jaugées (fig. **14**). — Il est nécessaire d'avoir un jeu de pipettes jaugées et consistant en pipettes de 5 cc., 15 cc., 20 cc., 25 cc., et 50 cc., quoique la chose ne soit pas tout à fait indispensable, il est bon de se munir d'une pipette de 100 cc. Enfin pour certains essais, on devra avoir une pipette de 1 cc. divisée en 1/100.

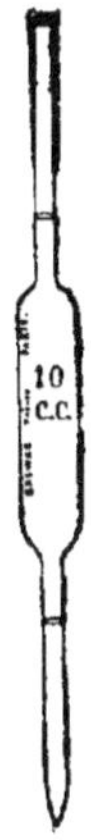

Pour mesurer des liquides tels que des acides ou des solutions concentrées d'alcali, il est dangereux de se servir de pipettes ordinaires. On emploie alors la pipette à piston (fig. **15**).

Fig. 14.

Burettes (fig. **16**). — La burette devra contenir **25** cc. divisée en 1/10 de cc. Il s'en fait de différents modèles. Les plus usitées sont la burette de Mohr se fermant par un tube en caoutchouc et une pince spéciale, et le modèle à robinet.

Il se construit actuellement une burette avec fermeture à rodage (fig. **17**) qui est une heureuse modification de la burette ordinaire.

Le robinet en verre trop fragile est remplacé ici par une pièce de verre conique rodée et traversée par un canal comme l'indique la figure **18**. En faisant tourner cette pièce, on fait coïncider une partie du canal avec un petit renflement soufflé dans la burette et on laisse ainsi couler le liquide de la burette.

Les avantages de cette burette sont nombreux :

Fig. 15.

Fig. 16.

Fig. 17.

Fig. 18.

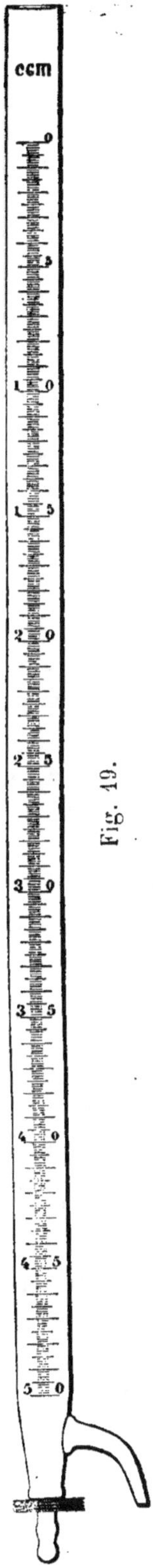

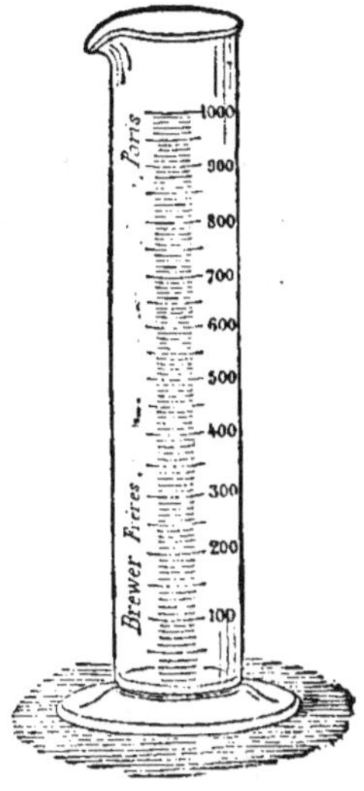

Fig. 20.

Fig. 19.

Fig. 21.

1° Cette burette est moins fragile que la burette à robinet ordinaire.

2° Le nettoyage en est très simple.

3° Comme ces burettes ne présentent aucune saillie, on peut en placer un grand nombre dans un espace réduit et ceci sans courir le risque de briser les têtes des robinets.

Avec les burettes ordinaires, il arrive quelquefois au cours d'une analyse que soit par défaut de rodage, soit parce qu'un corps étranger se trouve placé dans la clé du robinet, un peu de liquide s'échappe sur le côté du robinet et est perdu. On commet donc fatalement une erreur.

Avec le système ci-dessus rien de semblable est possible, car si pour une raison analogue, du liquide s'échappait de la burette, il serait obligé de s'écouler le long de la partie mobile de la burette et tomberait forcément dans le vase à réaction. Cette burette se construit également avec bec (fig. 19).

Éprouvettes graduées (fig. 20). — Il en faut quatre. Une de 50 cc., une de 100 cc., une de 500 cc. et une de 1.000 cc. Pour la préparation des liqueurs titrées, il faudra également une éprouvette de 1 litre bouchée à l'émeri.

Ballons jaugés (fig. 21). — Un ballon de 1 litre, un de 500 cc., un de 250 cc., un de 200 cc., un de 140 cc. et un de 100 cc. à deux traits suffiront. Pour ce dernier ballon, le trait inférieur indique 100 cc. et le trait supérieur 110 cc.

Verrerie ordinaire. — Comme verrerie ordinaire quelques verres de montre, capsules en verre, un appareil de Kipp (fig. 22) pour la préparation des gaz, quelques cristallisoirs, des fioles coniques, de 60 et 100 cc., des ballons à fond plat de 60 cc., 100 cc. et 200 cc., quelques vases à filtration chaude de 60, 100 et 200 cc., quelques entonnoirs en verre, un entounoir à robinet, dit boule à brôme de 1/2 litre, quelques tubes à essai et quelques kilos de tube à gaz.

Capsules en platine et en porcelaine (fig. **23**). — Si on ne recule pas devant le prix du platine, on pourra se procurer une ou deux capsules de platine de 35 à 40 m/m. de diamètre sur 20 m/m. de haut. Les capsules en platine ne sont pas indispensables, on peut les remplacer par des capsules en porcelaine. Ces petites capsules supportent très bien la chaleur du moufle et on peut y incinérer les précipités, cependant il est prudent de faire la tare

Fig. 22.

après la calcination, car à la température du moufle des éclats de porcelaine peuvent sauter des capsules et faire ainsi commettre des erreurs.

Accessoires divers. — Une pince en fer pour capsules, une pince en bois, une pince pour micrographie. Quel-

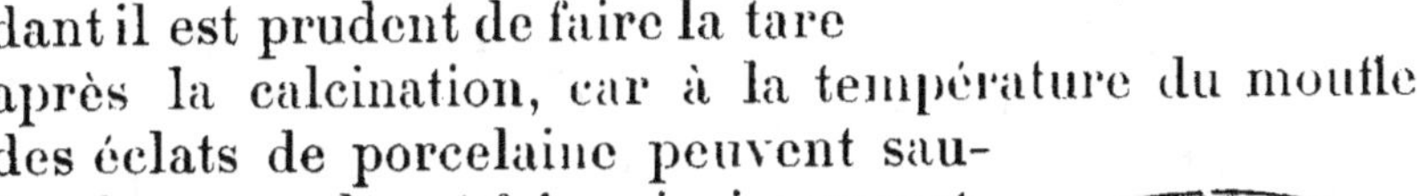

Fig. 23.

ques supports à burettes, à entonnoirs, à ballons, une burette et un flacon hydr timétrique, un appareil de Kjédahl, ou une grille à combustion pour le dosage de l'azote. Quelques boîtes de Pétri pour culture sur gélatine. Un farinotum, un appareil Nobbe pour la germination de l'orge. Un petit concasseur à malt, un appareil à épuisement de Soxhlet, quelques bouteilles de Lintner avec armatures. Un tube de Will et Warentrapp, si on dose l'azote par la chaux sodée. Un thermomètre sur tige, contrôlé, un autre thermomètre sur tige allant à **100°** et un allant à **200°**. Un densimètre contrôlé ou un pignomètre, ou encore une balance hydrostatique. Un appareil à rendement de malt. Un saccharimètre à fermentation. Un microscope donnant un grossissement de **800** à **1.200** diamètres. Quelques flacons Chamberland pour culture. Une étuve à culture. Une étuve à flamber. Un autoclave ou un stérilisateur. Un polarimètre.

RÉACTIFS

On devra se préparer les solutions suivantes :

Teinture de tournesol — On pulvérise finement du tournesol en pains, du commerce. On introduit ensuite la poudre fine dans un ballon et on ajoute un excès d'alcool ordinaire à 90°. Au col du ballon on adapte un réfrigérant ascendant et on chauffe une demi-heure au bain-marie à 75° ; au bout de ce temps on décante l'alcool bleu et on répète l'opération jusqu'à ce que l'alcool ne soit plus coloré sensiblement en bleu. Cette opération a pour but d'éliminer une matière colorante bleue qui nuirait par la suite à la sensibilité de la teinture. Le résidu du traitement alcoolique est repris par de l'eau qu'on maintient à l'ébullition pendant une demi-heure. On décante cette première teinture bleue de tournesol et on répète cette opération deux fois. La dernière décoction n'est plus que faiblement colorée en bleu. On réunit les teintures aqueuses provenant des trois traitements successifs, on filtre et on concentre au bain-marie jusqu'à obtention d'une teinture bleue assez foncée pour pouvoir colorer une bande de papier qu'on y plonge.

Lorsque ce résultat est obtenu, on laisse refroidir et on procède à la sensibilisation de la façon suivante :

On divise la teinture en deux portions égales : dans

l'une on ajoute goutte à goutte une solution d'acide sulfurique au 1/100 jusqu'à ce que la teinture vire au rouge. On mélange alors les deux liqueurs, le mélange doit donner une liqueur violette. Si ce résultat n'était pas obtenu, il faudrait recommencer l'opération ci-dessus et traiter encore par l'acide sulfurique au 1/100. Si au lieu d'une teinture violette on obtenait un liquide rougeâtre il faudrait ajouter quelques gouttes de potasse caustique au 1/100 jusqu'à obtention de la teinte sensible violette. Il est à noter que la teinture violette de tournesol conserve mieux en vase ouvert. Il faudra donc éviter de fermer hermétiquement le vase, qui contiendra la teinture de tournesol.

Papier de tournesol. — On prépare le papier de tournesol bleu en trempant des bandes de papier non collé dans la liqueur ci-dessus. Pour préparer le papier de tournesol rouge, on répète l'opération ci-dessus avec de la teinture de tournesol rougie par l'addition d'une trace d'acide.

Acide oxalique normal. — On pèse très exactement à la balance de précision 62 gr. 85 d'acide oxalique cristallisé chimiquement pur, que l'on introduit dans un ballon jaugé de 1 litre. On ajoute environ 500 cc. d'eau et lorsque la dissolution est terminée, on complète avec de l'eau distillée. Pour que cette solution soit bien titrée, il faut opérer à une température de 15°C. On agite bien le ballon pour avoir un liquide bien homogène. Cette liqueur ne conserve pas. Avec le temps le titre s'affaiblit. On ne se sert donc de l'acide oxalique que comme point de départ pour la préparation des autres liqueurs.

Potasse normale. — On pèse à la balance de précision 4 gr. 701 de potasse caustique à l'alcool et on dissout dans 50 cc. d'eau distillée dans un ballon jaugé à 100 cc.

Lorsque la dissolution est opérée, on complète avec de l'eau distillée jusqu'au trait 100 cc. et on agite. A l'aide d'une pipette jaugée on porte 10 cc. de cette solution dans une petite fiole, on ajoute quelques gouttes de teinture de tournesol de façon à colorer le liquide en bleu pâle. A l'aide d'une burette, on laisse tomber goutte à goutte la solution d'acide oxalique normal jusqu'à ce que le liquide vire au rouge. On lit alors le volume de solution d'acide oxalique employée et on multiplie ce chiffre par **10**.

Le résultat obtenu indique la richesse centésimale de la potasse en oxyde de potassium (K^2O). Je suppose qu'il ait fallu employer 9 cc. **2** d'acide oxalique normal pour saturer 10 cc. de la solution de potasse caustique. Je multiplie 9,**2** par **10**.

$$9,2 \times 10 = 92 \; 0/0 \; \text{de} \; K^2O$$

Or la solution de potasse caustique doit contenir 47 gr. 01 de K^2O par litre. En se basant sur l'essai ci-dessus, il est facile de prendre un poids de potasse à l'alcool contenant ces 47 gr. 01 de K^2O. Pour le cas présent ce poids sera de :

$$\frac{100 \times 47 \text{ gr. } 01}{92} = 51 \text{ gr. } 097.$$

Ces 51 gr. 097 de potasse caustique sont introduits dans un ballon jaugé de **1.000** cc. avec **500** cc. d'eau distillée et lorsque la dissolution est terminée on complète le volume avec l'eau distillée.

10 cc. de cette liqueur doivent saturer exactement 10 cc. de liqueur d'acide oxalique. On s'en assure de la façon suivante :

A l'aide d'une pipette on porte **10** cc. d'acide oxalique normal dans une fiole, on colore avec quelques gouttes de tournesol sensible et à l'aide d'une burette on y laisse tomber goutte à goutte la solution de potasse à essayer jusqu'à ce que la liqueur rouge vire au bleu. On lit alors le volume de potasse employé, soit 9 cc. La solution de potasse est donc trop forte puisque 9 cc. de solution potassique saturent 10 cc. d'acide oxalique. A ces 9 cc. de potasse il faudrait donc ajouter 1 cc. d'eau pour égaliser les volumes et obtenir ainsi des solutions se saturant volume à volume.

Je tiens donc le raisonnement suivant : à 9 cc. de liqueur de potasse il faut 1 cc. d'eau.

A 900 cc. de liqueur de potasse il faut 100 cc. d'eau.

Pour faire cette addition d'eau, on se sert d'une éprouvette à mélange bouchée à l'émeri et graduée de 10 en 10 cc.

On doit conserver cette liqueur dans des flacons bien bouchés et dans un endroit frais. Comme la potasse absorbe l'acide carbonique, il est préférable d'enfermer la liqueur dans un flacon tubulé dans le bas. A la partie inférieure on adapte un tube de verre avec bouchon et tube de caoutchouc fermé par une pince de Mohr. La tubulure supérieure porte un tube de Will et Warentrapp rempli de liqueur normale de potasse.

De cette façon l'appel d'air qui se fait dans le flacon lorsqu'on prend du liquide est débarrassé de son acide carbonique.

Liqueur déci-normale de potasse. — On mesure exactement 100 cc. de liqueur normale de potasse qu'on porte dans une fiole jaugée de 1 litre. On complète le volume avec de l'eau distillée. On conserve en flacon fermé avec les mêmes précautions que pour la liqueur normale de potasse.

Cette liqueur est exactement 10 fois plus faible que la liqueur normale correspondante.

Liqueur normale d'acide sulfurique. — On peut la

préparer de différentes manières, les méthodes les plus usitées sont :

A) La méthode par titration.

B) La méthode par précipitation.

Méthode par titration. — Dans une petite capsule en porcelaine tarée, on pèse exactement à la balance de précision 4 gr. 891 d'acide sulfurique pur. On verse cet acide dans un ballon jaugé de 100 cc. contenant environ 25 cc. d'eau distillée. On lave à l'eau distillée la capsule ayant contenu l'acide sulfurique et les eaux de lavage sont versées dans le ballon de 100 cc. On ajoute de l'eau distillée pour arriver à peu près au trait de jauge, mais sans le dépasser. Le mélange d'acide sulfurique et d'eau s'étant échauffé notablement, on tempère à 15° C. en plongeant le ballon dans un bain d'eau à cette température et on affleure au trait de jauge, on agite.

Lorsque la température de 15° C. est obtenue, on titre le liquide de la façon suivante :

Dans une petite fiole on porte à l'aide d'une pipette jaugée, 10 cc. de liqueur normale de potasse colorée par addition de quelques gouttes de teinture de tournesol.

A l'aide d'une burette, on laisse tomber goutte à goutte la solution d'acide sulfurique à essayer jusqu'à coloration rouge pelure d'oignon. On lit sur la burette le nombre de centimètres cubes de liquide écoulé, et on multiplie ce chiffre par 10.

On obtient alors la richesse centésimale d'acide sulfurique monohydraté (SO^4H^2) 0/0. Je suppose que le chiffre lu sur la burette soit 9.2, on fait le calcul suivant :

$$9,2 \times 10 = 92 \; 0/0 \; SO^4H^2 \; 0/0.$$

La liqueur d'acide sulfurique normal doit contenir

48 gr. 91 de SO^4H^2 par litre. Il suffit alors de diviser 4891 par la richesse centésimale qui est pour le cas présent 92 ; pour connaître le poids d'acide sulfurique à prendre pour faire un litre de liqueur titrée

$$\frac{100 \times 48,91}{92} = 53 \text{ gr. } 163.$$

Il suffit donc de peser le poids trouvé ci-dessus d'acide sulfurique soit 53 gr. 163. Cet acide est versé dans une fiole jaugée de un litre, remplie à moitié d'eau distillée. On fait refroidir le mélange d'acide et d'eau qui s'est échauffé, puis on complète à peu près à 1.000 cc. avec de l'eau distillée. On tempère le ballon à 15° C et on ajoute l'eau distillée manquant pour faire 1000 cc.

10 cc. de cette liqueur doivent saturer exactement 10 cc. de liqueur normale de potasse. On s'en assure de la façon suivante :

A l'aide d'une pipette, on porte 10 cc. de potasse normale dans une fiole et on y ajoute quelques gouttes de teinture de tournesol. On laisse tomber goutte à goutte d'une burette la solution ci-dessus à essayer. Aussitôt que le tournesol vire au rouge on lit sur la burette le volume de liquide employé. Si la solution est juste, on doit avoir fait couler exactement 10 cc. Je suppose que la liqueur soit trop forte et qu'on ait employé que 9 cc. 2 de liqueur sulfurique. On corrige ainsi qu'on l'a fait pour la liqueur normale de potasse. Ainsi pour égaliser les volumes à 9 cc. 2 d'acide sulfurique il faudrait ajouter :

$$10 - 9,2 = 0 \text{ cc. } 8.$$

Et à 920 cc. il faudrait ajouter 89 cc. d'eau.

Dans l'éprouvette à mélange on introduit donc :

920 cc. de solution sulfurique

et :

80 cc. d'eau.

Total . 1.000 cc. d'acide sulfurique normal.

Cette solution conserve très bien dans des flacons bouchés à l'émeri et placés dans un endroit frais.

Méthode par précipitation. — Cette méthode pondérale est assez longue et il faut pour la réussir une certaine habitude du laboratoire. On prend de l'acide sulfurique distillé et pur et on prend le degré Baumé. Puis on cherche dans la table de Kolb, à quelle quantité d'acide pur correspond ce degré Baumé. Je suppose que le degré Baumé soit 65,5. Sur la table Kolb, ce degré n'existe pas ; on prend donc la moyenne entre 65 et 66.

A 65 l'acide titre 89,7 0/0 de SO^4H^2.

A 66 l'acide titre 100 0/0 de SO^4H^2.

La moyenne est donc de $\dfrac{89,7 + 100}{2} = 94,85 \; 0/0$.

100 grammes d'acide considéré contiennent donc 94,85 0/0 de SO^4H^2. Or la liqueur normale devant contenir 48 gr. 91 de SO^4H^2 par litre, on tient le raisonnement suivant :

94,85 de SO^4H^2 sont contenus dans 100 grammes d'acide considéré.

48,91 de SO^4H^2 seront contenus dans $\dfrac{100 \times 48,91}{94,85}$ $= 51,56$.

Il faudrait donc 51,56 d'acide sulfurique dans un litre d'eau pour avoir la liqueur normale, mais en on met un peu plus, soit 5 grammes de plus. On pèse donc sur une roberval ou une balance de demi précision 56 gr. 56

de l'acide considéré qu'on verse dans un ballon jaugé de 1 litre, contenant 600 cc. d'eau, on agite, on laisse refroidir, on ajoute de l'eau distillée, on tempère à 15° C, et on amène le volume exactement à 1000 cc.

On prend alors 20 cc. de cette solution, on les porte dans un ballon jaugé de 100 cc., on complète avec de l'eau distillée à 100 cc., on prend alors 20 cc. de ce liquide qu'on porte dans un ballon, on ajoute un peu d'eau, puis 5 cc. de HCl pur. On fait bouillir 5 minutes, on laisse refroidir et on verse dans le liquide 10 cc. d'une solution de $BaCl^2$ chlorure de baryum à 200 grammes par litre, on fait bouillir 2 heures, on laisse reposer et on cherche s'il n'y a plus de SO^4H^2 libre, puis on laisse reposer le ballon incliné pendant une dizaine d'heures. Après ce temps, on décante l'eau du ballon sur un filtre dont on connaît le poids des cendres. On verse doucement de façon à ne pas agiter et verser du SO^4Ba. On lave alors le filtre à l'eau bouillante, puis on verse également de l'eau bouillante dans le ballon contenant le SO^4Ba, on laisse encore reposer comme la première fois, puis on filtre sans verser le SO^4Ba. On lave encore le filtre à l'eau bouillante et on verse de l'eau bouillante sur le précipité dans le ballon et cette fois on agite bien le précipité et on le jette entièrement sur le filtre sans en laisser du tout dans le ballon. On lave deux ou trois fois le filtre à l'eau bouillante. On incinère alors le filtre et après une demi-heure d'incinération on pèse.

Poids total ⎰ Cendre filtre . . .		
Sulfate baryum . .	= 21 gr. 198
⎱ Capsule.		
A déduire tare capsule	= 20 gr. 718
Reste . . .	0 gr. 480
A déduire cendre filtre	0 gr. 00445
Sulfate de baryum. . .	0 gr. 47555

Il y a donc 0 gr. 47555 de sulfate de baryum.

Or 0 gr. 233 de sulfate de baryum $=$ 0 gr. 98 SO^4H^2.

Et 0 gr. 4755 $= \dfrac{0,980 \times 0,4755}{0,233} = 0,1999$ d'acide sulfurique.

Or ces 0 gr. 1999 de SO^4H^2 étaient contenus dans 4 cc. de la solution contenant par litre 56 gr. 56 d'acide.

En effet on a pris 20 cc. qu'on a dilué à 100, les 20 cc. sont donc dilués au 1/5. On prend 20 cc. de la nouvelle solution, on prend donc 1/5 de cette solution et par le fait 1/5 de 20 cc. de la première solution, le 1/5 de 20 cc. c'est 4, donc dans 4 cc. de solution primitive, il y a 0 gr. 2008 de SO^4H^2 et dans 1 litre il y aura :

$$\frac{0 \text{ gr. } 1999 \times 1000}{4} = 49,9 \text{ de } SO^4H^2 \text{ par litre.}$$

La solution contient donc 49,9 de SO^4H^2 par litre et elle ne devrait contenir que 48 gr. 91. On raisonne de la façon suivante :

1000 cc. contiennent	49 gr. 9	de SO^4H^2
Ils devraient contenir. . . .	48 gr. 91	—
Différence en trop.	0 gr. 99	—

Cherchons dans quel volume de solution sont 0 gr. 99 de SO^4H^2 :

$$\frac{100 \times 0,99}{50,2} = 1 \text{ cc. } 97.$$

On retire donc 1 cc. 97 de solution qu'on remplace par de l'eau distillée. On agite et on conserve en flacons bouchés à l'émeri.

Cette solution doit saturer volume à volume la solution normale de potasse.

Liqueur déci-normale sulfurique.

On opère exactement comme pour la liqueur déci-normale de potasse.

Solution titrée de nitrate de baryte.

On pèse exactement 0 gr. 59 de nitrate de baryte chimiquement pur et cristallisé, on place ce sel dans une fiole jaugée de un litre et on fait dissoudre dans un peu d'eau distillée. Après dissolution on complète le volume à un litre avec de l'eau distillée.

Solution de carbonate sodique alcaline.

Soude caustique à l'alcool . . .   .10 gr.
Carbonate de soude pur. . . .   20 —
Eau distillée . . . .   100 —

Faire dissoudre, filtrer s'il y a lieu et conserver en flacon ordinaire.

Liqueur hydrotimétrique.

Dans un ballon de deux litres environ, on introduit 800 grammes d'alcool à 90° et 50 grammes de savon amygdalin, bien sec et coupé en petits morceaux. On adapte un long tube en verre au col du ballon pour récupérer les vapeurs d'alcool et on porte le tout au bain-mairie Lorsque la dissolution est complète, on laisse refroidir, on filtre et on ajoute 500 cc. d'eau distillée.

Solution de brucine.

Faire dissoudre à chaud **1** gramme de brucine dans un litre d'eau distillée, on laisse refroidir et on conserve dans des flacons jaunes.

Solution azotate de baryum.

Azotate de baryum . . . . .   **200** gr.
Eau distillée . . . .   **1000** gr.

Conserver dans un flacon ordinaire.

Solution d'azotate de potasse titrée.

Mettre 0 gr. 936 d'azotate de potasse chimiquement pur, dans un ballon jaugé de **100** cc. ajouter environ 50 cc. d'eau distillée. Lorsque la dissolution est opérée, compléter le volume avec de l'eau distillée.

Réactifs de Nessler.

On dissout 10 gr. d'iodure de potassium et 3 gr. de bichlorure de mercure dans **200** cc. d'eau distillée chaude. Lorsque la dissolution est terminée et refroidie, on ajoute par petites portions une solution aqueuse, saturée de bichlorure de mercure, jusqu'à ce que le précipité rouge qui se forme, mais se dissout rapidement, ne se dissolve plus. On laisse au repos **24** heures. Au bout de ce temps, on filtre et on ajoute **35** gr. de soude caustique pure, dissous dans **80** cc. d'eau distillée, on agite et on ajoute **5** cc. de solution de chlorure mercurique. On agite et on conserve à l'obscurité cinq jours en flacon fermé et on filtre ensuite sur de la laine de verre. Le liquide obtenu est incolore ou légèrement jaunâtre. On conserve en flacon jaune.

Solution ammonique titrée.

Dissoudre.0 gr. **314** de chlorure d'ammonium chimiquement pur et sec dans **500** cc. d'eau distillée. Cette solution contient **0** gr. **100** d'ammoniac. AzH^3.

Solution carbonate d'ammoniaque.

On fait une solution de **200** gr. de ce sel pur pour un litre d'eau distillée.

Solution d'oxalate d'ammoniaque.

Faire une solution de ce sel pur dans l'eau distillée à raison de **200** gr. par litre d'eau.

Solution de chlorure de baryum.

Faire une solution de ce sel dans les mêmes proportions que ci-dessus

Solution de permanganate de potasse.

Eau	**250** cc.
Soude caustique pure.	**40** gr.
Permanganate de potasse . . .	**2** gr.

Chauffer à l'ébullition **10** minutes. Verser dans un flacon de **250** cc., laisser refroidir, compléter le volume à **250** cc. Conserver dans un flacon en verre jaune.

Solution acide de chlorure de baryum titré.

Dissoudre **13** gr. du sel dans **800** cc. d'eau distillée, ajouter **50** cc. d'acide chlorhydrique pur, compléter le volume à **1.000** cc. Un centimètre cube de cette solution précipite **5** mmg. d'acide sulfurique anhydre.

Acide sulfurique N/8.

125 cc. acide normal sont versés dans un ballon jaugé de un litre, on complète le volume avec de l'eau distillée.

Mixture magnésienne.

On calcine **20** gr. de magnésie, on laisse refroidir dans l'excicateur, peser **7** gr. **5** de ce produit qu'on délaie dans **250** cc. d'eau distillée, ajouter par petites portions **65** à **70** cc. acide chlorhydrique pur, faire dissoudre à chaud en agitant, ajouter une solution chlorure d'ammonium à **75** 0/0, verser le tout dans un ballon de un litre, ajouter **300** cc. d'ammoniaque pure à **22°** Bé, on complète le volume avec de l'eau pure. Laisser reposer **10** jours. Décanter et filtrer sur de la laine de verre. Conserver en flacon bouché. Un centimètre cube de la solution précipite **25** mmg. d'acide phosphorique anhydre.

Nitrate d'argent déci-normal.

Dissoudre **10** gr. **766** d'argent pur dans de l'acide azotique pur, contenu dans un vase à filtration chaude, couvert d'un verre de montre, poser la partie convexe en dessous de façon à éviter les projections. Laver le verre de montre à l'eau distillée que l'on reçoit dans le vase contenant de l'argent. Évaporer au bain-sable jusqu'à siccité, sans faire bouillir. Reprendre par l'eau distillée et faire passer dans un ballon jaugé de un litre, compléter le volume avec de l'eau distillée. On peut contrôler la liqueur ci-dessus avec une solution de chlorure de sodium pur et sec de 5 gr. 837 par litre. La solution déci-normale d'argent doit être conservée dans un flacon jaune ou mieux à l'obscurité.

Solution de chromate de potassium.

Faire une solution saturée de chromate de potassium dans l'eau distillée.

Solution déci-normale de chlorure sodique.

Faire une solution de 5 gr. 837 de chlorure de sodium pur et sec dans la quantité d'eau distillée nécessaire pour faire un litre. Cette solution doit correspondre volume à volume avec la solution d'argent ci-dessus. On s'en assure de la façon suivante :

On met dans une capsule en porcelaine 10 cc. de solution d'argent additionnée de 4 à 5 gouttes de chromate de potasse. A l'aide d'une burette on laisse tomber dans ce liquide la solution sodique. La fin de la réaction est marquée par l'apparition d'une teinte rouge brun de chromate d'argent, si la solution sodique ne correspond pas exactement, on corrige par la méthode indiquée pour la préparation des liqueurs normales de potasse et d'acide sulfurique. On voit mieux la fin de la réaction en opérant dans le cabinet noir à la lumière artificielle.

Solution d'acide oxalique au 1/100.

On prend **10** cc. de solution normale d'acide oxalique (voir page 17) qu'on étend exactement à 1 litre à 15° C par addition d'eau distillée. Cette solution conservant au maximum 4 à 5 jours, il est préférable de la préparer au moment de l'emploi.

Solution de permanganate de potasse au 1/100.

On dissout **3** gr. **5** de permanganate de potasse pur dans **50** à **60** cc. d'eau distillée et on porte exactement le volume à **100** cc. par addition d'eau distillée. On conserve en flacon jaune fermé à l'émeri.

On prépare la solution centime au moment du besoin de la façon suivante : On étend exactement **10** cc. de la solution ci-dessus à **100** cc. à l'aide d'eau distillée et on titre de la façon suivante.

On introduit **10** cc. de la solution oxalique au **1/100** dans une fiole et on y ajoute 1 cc. **5** d'acide sulfurique au tiers. On chauffe au bain-marie à 60° C, puis on dispose la fiole sur une feuille de papier blanc, et à l'aide d'une burette, on fait tomber goutte à goutte la solution de permanganate au **1/100** dans l'acide oxalique au **1/100** à 60° C jusqu'à coloration rose persistante.

Soit 9 cc. 2 le volume de permanganate employé, si la solution était juste il aurait fallu **10** cc. Pour corriger il suffira d'ajouter **0** cc. **8** d'eau distillée à **9** cc. **2** de solution ou **8** cc. d'eau à **92** cc. de solution. La solution ainsi établie contient **3** gr. **158** de permanganate de potasse par litre.

Solution titrée d'oxalate d'ammoniaque.

On porte **20** cc. d'acide oxalique normal dans une fiole jaugée de 1 litre avec **100** cc. d'eau distillée. On ajoute **3** cc. environ d'ammoniaque concentrée et pure, on agite et on complète le volume à 1.000 cc. avec de l'eau distillée. Un centimètre cube de cette solution doit décolorer **2** cc. de permanganate au 1/100. S'il en était autrement il faudrait corriger comme on l'a fait pour toutes les liqueurs titrées ci-dessus.

Un centimètre cube de la solution oxalate ci-dessus précipite 0 gr. 0056 de chaux (CaO).

Solution normale d'acide chlorhydrique.

On prend de l'acide chlorhydrique pur et concentré et à l'aide d'un densimètre on en prend la densité, soit D et on fait le calcul suivant :

$$\frac{3,637}{D} = V \text{ cc.}$$

A l'aide d'une burette on mesure exactement V cc. d'acide qu'on verse dans une fiole quelconque contenant un peu d'eau distillée. On ajoute quelques gouttes de tournesol et on y laisse tomber d'une burette la solution de potasse normale jusqu'à ce que le liquide vire au bleu, à ce moment on lit le volume de liqueur employée, le nombre de centimètres cubes employés représentent la richesse pour cent en HCl (acide chlorhydrique). On opérera comme il a été dit à la liqueur sulfurique normale par titration.

Solution déci-normale chlorhydrique.

On porte **100** cc. d'acide chlorhydrique normal dans une fiole jaugée de **1** litre, on complète à **1.000** cc. avec de l'eau distillée à 15° C. Conserver en flacon ordinaire bouché à l'émeri et mis en lieu frais.

Eau ammoniacale au 1/3.

On mélange **200** cc. d'ammoniaque pur et concentré avec **400** cc. d'eau. On conserve au frais en flacon bien bouché.

Solution de sulfate d'alumine.

On en fait une solution aqueuse saturée.

Solution de bicarbonate de soude.

Même solution que la précédente.

Réactif de Greiss.

On dissout 1 gr. de métaphénylène diamine pure dans 100 cc. d'eau et on ajoute 1 cc. d'acide chlorhydrique pur. On conserve en flacon jaune. À la longue cette solution se colore. Il faut alors avant l'emploi la décolorer au noir animal.

Solution de ferrocyanure de potassium.

On fait une solution de **200** gr. de ce sel par litre d'eau distillée.

Soude caustique.

On fait une solution de **100** gr. de soude caustique dans **500** cc. d'eau et on complète le volume à **1.000** cc.

Solution de tannin.

On fait une solution à raison de **20** gr. de tannin pour **100** cc. d'eau distillée.

Phénol phtaléïque.

On fait dissoudre à froid **5** gr. de ce produit dans **100** cc. d'alcool à 90°.

Papier plombique.

On le prépare au moment de l'usage en plongeant du papier buvard dans une solution de sous-acétate de plomb ammoniacale.

Liqueur de Fehling.

On pèse exactement **34** gr. **636** de sulfate de cuivre chimiquement pur que l'on dissout dans **160** cc. d'eau. D'autre part dans une fiole jaugée de **1** litre, on fait une solution de tartrate de potassium dans **600** cc. de lessive de soude caustique, de **1,12** de densité, et on ajoute peu à peu la dissolution de cuivre en agitant. Lorsque le mélange est fait, on complète avec de l'eau distillée, à **1.000** cc.

Autre formule. — On pèse exactement **34** gr. **636** de sulfate de cuivre chimiquement pur que l'on dissout dans **200** cc. d'eau. D'autre part dans une fiole jaugée de **1** litre, on fait dissoudre **173** gr. de sel de Seignette dans **500** cc. d'une lessive de soude caustique de **1,14** de densité. Dans cette solution, on verse celle de cuivre, on agite et on complète à **1.000** cc. avec de l'eau distillée. Dans la préparation de cette liqueur, que l'on opère avec n'importe quelle formule, il faut avoir soin de bien rincer le vase ayant contenu la solution cuivrique et d'ajouter les eaux de lavage à la solution contenue dans la fiole jaugée avant de compléter le volume.

Autre formule. — La solution de Fehling a l'inconvénient de ne pas conserver longtemps. Soxhlet recommande le procédé suivant :

Solution A. — On pèse comme ci-dessus **34** gr. **636** de sulfate de cuivre chimiquement pur, que l'on fait dissoudre dans **300** cc. d'eau distillée. Après dissolution on porte le volume à **500** cc. et l'on conserve en flacon bien bouché.

Solution B. — On dissout **150** gr. de sel de Seignette dans **300** cc. d'eau distillée. On ajoute à la dissolution **100** cc. d'une lessive de soude à **50** gr. de soude caustique par litre. Au moment de se servir de la liqueur de Fehling, on fait un mélange à volume égal de A et de B, **10** cc. de solution de Fehling correspondent à **0** gr. **05** de glucose ou à **0** gr. **075** de maltose. La solution de soude caustique à **1,12** de densité contient **11 0/0** de sel. La solution de soude caustique à **1,14** de densité contient **13 0/0** de sel.

Mélange magnésien.

Dans **700** cc. d'eau à **8 0/0** d'ammoniaque on fait dissoudre **110** gr. de chlorure de magnésium et **140** gr. de chlorure d'ammonium, après dissolution on ajoute **13** cc. d'eau pure, on laisse reposer **8** jours en lieu frais, on filtre et on conserve.

Solution de molybdate d'ammoniaque forte.

Eau distillée environ **500** cc.
Molybdate d'ammoniaque **150** gr.

On fait dissoudre à chaud, puis on ajoute Eau distillée **500** cc. et on verse dans un litre d'acide nitrique de **1.200** de densité.

Solution de molybdate d'ammoniaque faible.

On mélange :

Solution de molybdate ci-dessus . . **200** cc.
Eau distillée . . . . **300** cc.

On verse la solution ci-dessus dans **100** cc. d'acide nitrique de **1200** de densité.

Solution d'acétate de soude.

Dans une fiole jaugée de **1** litre, on met **500** cc. d'eau avec **100** gr. d'acétate de soude et **100** gr. d'acide acétique, après dissolution on porte à **1** litre.

Liqueur d'urane.

On pèse **40** gr. de nitrate d'urane qu'on dissout dans **800** cc. d'eau distillée. On ajoute alors l'ammoniaque jusqu'au moment où il commence à se former un précipité qu'on redissout en ajoutant de l'acide acétique et l'on porte le volume à **1** litre.

Liqueur titrée d'acide phosphorique.

On pèse exactement **29** gr. **445** de sel microscomique (phosphate double de sodium et d'ammonium) $NaHAzH$ $PO^4 + 4H^2O$. Ce sel est dissout dans de l'eau distillée et le volume porté à **1** litre. On conserve un flacon bouché.

Titrage de la liqueur d'urane.

Sur une assiette de porcelaine, on dépose des gouttes de ferrocyanure de potassium, l'on fait sécher à l'étuve.

On emplit deux burettes placées l'une à côté l'autre, la première avec la solution phosphorique, la deuxième avec la solution d'uranium. On laisse couler dans un vase à précipiter, un volume quelconque de la première sans mesurer, puis de la deuxième burette, on fait couler la solution d'uranium, jusqu'à ce qu'une goutte du liquide posée sur une tache de ferrocyanure donne une coloration rouge brun.

Lorsque ce résultat est obtenu, on ajoute de nouveau de la solution phosphorique goutte à goutte jusqu'à ce que la réaction ne se produise plus.

On fait la lecture des deux burettes et on étend la solution d'uranium avec de l'eau de façon à avoir un volume égal au double du volume de solution phosphorique employée. Chaque centimètre cube de liqueur d'uranium égal 0 gr. 005 d'acide phosphorique anhydre (P^2O^5). On conserve en flacon jaune à l'obscurité.

Solution déci-normale d'iode.

On pèse exactement 12 gr. 654 d'iode bi-sublimée chimiquement pure, qu'on introduit dans un flacon de 1 litre. La pesée doit se faire dans une petite nacelle en verre et non sur du papier. On ajoute **200** cc. d'eau pure et **18** gr. d'iodure de potassium pur pesé au trébuchet. On agite pour opérer la dissolution et on a soin de fermer le ballon. De temps en temps, on ajoute de l'eau distillée pour absorber les vapeurs d'iode. Il est bon d'opérer en lieu frais, pour éviter les pertes d'iode, puis on complète à 1 litre à 15° C. On conserve à l'obscurité en flacon bouché à l'émeri.

Solution iodo-iodurée.

(Réactif de l'amidon et des dextrines).

On dissout **2** gr. 1/2 d'iode dans **100** cc. d'eau contenant **5** grammes d'iodure de potassium, après dissolution on porte à **1** litre. On conserve comme ci-dessus.

Eau iodée.

Dans un mortier en porcelaine, on met quelques grammes d'iode que l'on pulvérise avec 100 cc. d'eau environ, au bout de quelques minutes, on décante l'eau dans un flacon. On peut recommencer l'opération tant qu'il reste de l'iode. On conserve comme ci-dessus.

Solution de protochlorure d'étain.

On chauffe jusqu'à fusion complète de l'étain de Banka, dans une vieille capsule de porcelaine, on retire du feu et on remue l'étain avec un pilon jusqu'à ce qu'il soit complètement solidifié, on obtient ainsi le métal sous forme de petites granules.

Dans un grand ballon, on traite à chaud, un excès de cet étain avec de l'acide chlorhydrique pur ordinaire jusqu'à ce que tout dégagement gazeux ait cessé. On décante ce liquide qu'on additionne d'une petite quantité d'acide chlorhydrique pur que l'on conserve dans un flacon à l'abri de l'air. En effet ce liquide étant très oxydable, le mieux est de relier le flacon à un appareil à acide carbonique ou à une conduite de gaz d'éclairage.

On peut conserver ce liquide plus simplement sous une couche de pétrole.

Acétate de zinc ammoniacal.

On fait une dissolution d'acétate de zinc à 200 gr. par litre d'eau distillée. A cette solution, on ajoute de l'ammoniaque pure, jusqu'à ce que le précipité qui se forme d'abord, soit dissout.

Réactif de Frœhde.

Acide sulfurique pur et concentré .   .   **100** cc.
Molybdate de sodium pur .   .   .   .   .   **1** gr.

Préparez ce réactif en très petite quantité, car il ne conserve pas.

Solution d'amidon d'iodure de zinc.

Dans un mortier profond, on délaie **4** gr. d'amidon avec **50** cc. d'eau, et on verse peu à peu en remuant le liquide laiteux dans une dissolution bouillante de **20** gr. de chlorure de zinc pur dans **100** cc. d'eau pure. On laisse bouillir en remplaçant l'eau qui s'évapore jusqu'à obtention d'un liquide clair ou légèrement opalescent, on ajoute alors **6** à **700** cc. d'eau pure et **2** gr. d'iodure de zinc sec et pur, puis on complète le volume à **1** litre. On filtre et on conserve dans l'obscurité dans des flacons bien bouchés.

Acide sulfo-phénique.

On dissout par petites portions et en refroidissant **75** gr. de phénol pur en neige dans **925** grammes d'acide sulfurique pur. On conserve en flacon bouché à l'émeri.

Solution de nitrate de potasse pur.

On pèse exactement **0** gr. **50** de nitrate de potasse pur et sec qu'on fait dissoudre dans l'eau pour faire **1** litre. **10** cc. de cette liqueur égalent **0** gr. **005** de nitrate de potasse.

Solution titrée de chlorure d'ammonium.

On dissout **3** gr. **147** de chlorure d'ammonium pur dans l'eau distillée pour faire exactement un litre. **1** cc. de cette solution contient **0** gr. **003** d'ammoniaque. On en dilue **50** cc. à **1** litre et on obtient une liqueur $\dfrac{N}{20}$.

Solution titree de nitrite de potasse.

On fait dissoudre **0** gr. **224** de nitrite de potasse chimiquement pur dans **1000** cc. d'eau.

10 cc. de cette solution = **1** mmg. d'anhydride azoteux.

CHAPITRE II

EAU

Une bonne eau de brasserie doit être limpide, incolore, insipide, et inodore. Une eau trouble, colorée, ayant une odeur prononcée ou une saveur nauséabonde doit être rejetée sans autre examen. Une eau ayant une réaction acide ou alcaline prononcée est impropre à la brasserie. Au point de vue chimique une eau contenant de l'hydrogène sulfuré, de l'acide nitreux ou nitrique, de l'ammoniaque, des matières albuminoïdes ou des sulfocyanures doit être également rejetée. Cependant faute de mieux, on peut employer une eau contenant des traces d'acide nitrique, pourvu qu'on ne trouve pas en même temps de l'acide nitreux et de l'ammoniaque. On admet généralement qu'une bonne eau de brasserie ne devrait pas avoir une quantité de matières organiques dépassant 0 gr. 002 d'oxygène par litre (voir dosage des matières organiques). Le résidu minéral ne devrait pas dépasser 0 gr. 5 par litre.

Les chlorures en petites quantités ne sont pas nuisibles mais d'après Moritz et Morris, lorsque la quantité de ce sel dépasse 70 gr. par hectolitre, ils exercent une influence fâcheuse sur la levure. Une eau contenant plus de 0 gr. 030 de fer par litre doit être rejetée. En effet, le fer donne avec le tannin du houblon, du tannate de fer *noir*.

D'après Moritz et Morris, les eaux contenant des sels de soude sont inutilisables en brasserie. Ils conseillent de traiter ces eaux par le chlorure de calcium ce qui transformerait les sulfates et carbonates de soude en sulfates et carbonates de chaux et chlorure de sodium. Le gypse ajouté à une telle eau transformerait le carbonate de soude en sulfate de soude et carbonate de chaux.

Une bonne eau peut contenir jusqu'à 40 mmg. de magnésie par litre sans nuire à la qualité de la bière.

Le sulfate de chaux n'est pas nuisible et la quantité peut s'élever à 500 mmg. par litre. Les eaux de Burton (Angleterre) contiennent 111 mmg. de sulfate de chaux par litre et on attribue la qualité des bières de Burton à la présence de ce sel. Les sels de chaux sont nécessaires à la constitution d'une bonne eau de brasserie. On appelle eau douce, une eau pauvre en calcaire et par opposition, une dure, est une eau riche en sels de chaux.

On distingue : 1° La dureté totale qui est due à la totalité des sels de chaux. 2° La dureté temporaire qui disparaît par l'ébullition, elle est due au bicarbonate de chaux. En effet, à l'ébullition, le bicarbonate de chaux est décomposé en carbonate insoluble et acide carbonique qui se dégage. 3° La dureté permanente due au sulfate de chaux est celle qui persiste après l'ébullition. Une eau trop douce épuise trop les orges, lors du trempage. En brasserie ces eaux donnent des moûts colorés et en dissolvant certains principes du houblon produisent des moûts âcres.

Le tranché en cuve matière et en chaudière laisse à désirer. Les bières sont généralement trop atténuées et les collages sont difficiles.

L'ammoniaque étant un état de décomposition des matières organiques, la présence de ce produit indique une eau pouvant contenir des ferments dangereux pour la brasserie. L'ammoniaque par elle-même n'est pas un produit nuisible, en malterie il peut bien favoriser le développement des moisissures sur le grain en voie de germination, mais en brasserie, ce produit n'a pas d'inconvénient marqué.

L'acide nitreux est l'état passagé de l'oxydation de l'ammoniaque par des bactéries de nitrification.

Les eaux contenant des nitrites sont impropres à la fabrication. L'acide nitrique est le dernier terme d'oxydation de l'ammoniaque. Les nitrates sont de véritables poisons pour la levure, cependant dans les eaux dures, l'action nuisible de l'acide nitrique est moins marquée. Il ne faut pas tolérer plus de 0 gr. 010 de ce corps par litre pour les eaux douces. Pour les eaux dures d'après Lawrence Briand, la dose pourrait s'élever jusqu'à **70** à **80** mmg. par litre d'eau, mais en tout cas avec de telles eaux, on obtient toujours des bières pâles et peu atténuées. De plus, les levains sont rapidement hors d'usage. Dans la marche d'une analyse d'eau, il faut donc commencer par la recherche des éléments nuisibles, puisque la présence d'un de ces éléments est suffisant pour rendre l'eau impropre aux usages de la brasserie. On devra également constater l'absence de plomb et de zinc.

Une eau privée de ces éléments nuisibles sera néanmoins plus ou moins bonne suivant sa composition minérale ; aussi sera-t-il nécessaire de doser les principes minéraux.

On recherchera :

La dureté totale.

La dureté temporaire.

La dureté permanente.

La potasse, la soude, et la chaux, l'alumine, le fer, l'acide silicique et l'acide sulfurique.

Recherche et dosage rapide des éléments anormaux.

Acide nitreux. — A 50 cc. d'eau acidulée par **2** à **3** gouttes d'acide sulfurique pur, on ajoute quelques gouttes de réactif de Greiss, en présence de l'acide nitreux le liquide prend une teinte variant du rouge feu au jaune brun. Avant d'employer ce réactif, il faut s'assurer si l'eau n'est pas ferrugineuse, et dans l'affirmative, il faudrait employer la réaction suivante : A **100** cc. d'eau additionnée de quelques gouttes d'acide sulfurique pur, on ajoute un peu du réactif d'amidon d'iodure de zinc. Une coloration bleue indique l'acide nitreux. Une autre réaction très employée est la suivante : A **100** cc. d'eau acidulée par l'acide sulfurique on ajoute **1** cc. d'une solution incolore de sulfate de métaphénylène diamine. Une coloration jaune ou jaune brun indique l'acide nitreux.

Acide nitrique. — Si l'essai pour la recherche de l'acide nitreux est négatif, on procède à la recherche de l'acide nitrique. Si l'eau contenait des nitrites, on la ferait bouillir pendant **10** minutes, après avoir ajouté **10** gouttes d'acide sulfurique pur par **50** cc. d'eau à examiner.

1re *Méthode.* — Dans un tube à essai, on introduit **1/2** cc. d'eau à examiner et **1/2** cc. de solution de brucine, on mélange et on ajoute **1** cc. d'acide sulfurique concentré et pur. Si l'eau contient des nitrates, le liquide prendra une teinte rose. Si la teinte apparaît de suite et persiste pendant **20** à **30** minutes, l'eau devra être regardée comme suspecte.

2e *Méthode.* — On place quelques grains de diphénylamine dans une capsule en porcelaine, puis on verse **1** cc. de l'eau à essayer et **1** cc. d'acide sulfurique concentré et pur. Une coloration bleue indique l'acide nitrique. Ces deux réactions sont très sensibles.

La teinte que prend l'eau sous l'influence des différents réactifs, tant pour l'acide nitreux que pour l'acide nitrique étant proportionnelle à la quantité de nitrites ou de nitrates contenus dans cette eau, on se base sur

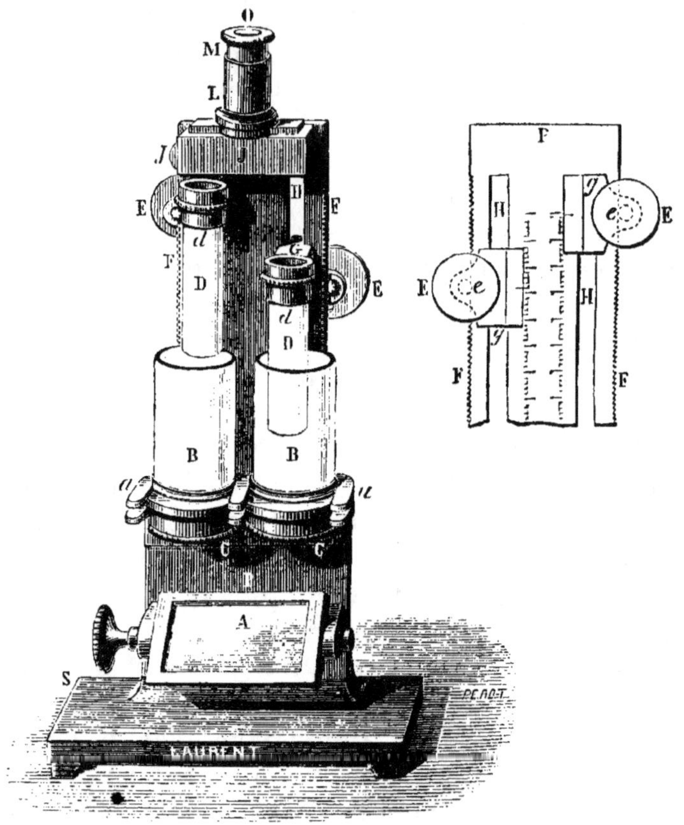

Fig. 23 *bis*, 23 *ter*.

l'intensité de cette teinte pour chercher la quantité approximative de ces corps dans l'eau. Pour arriver à ce résultat on se sert d'un appareil appelé colorimètre.

En principe le colorimètre est un appareil optique

servant à apprécier l'intensité de coloration des liquides. La figure **23** *bis* représente le colorimètre de Laurent qui est d'un fonctionnement irréprochable.

On place le *liquide coloré type* dans l'un des tubes B et le *liquide à comparer* dans l'autre tube B. On remplit les godets B au niveau convenable pour qu'ils ne débordent pas quand les pistons D seront amenés à toucher le fond. On fait descendre les pistons D jusqu'à toucher les fonds de B, les verniers *g* (fig. **23** *ter*) marquant alors zéro. L'on regarde en O et l'on oriente l'ap-

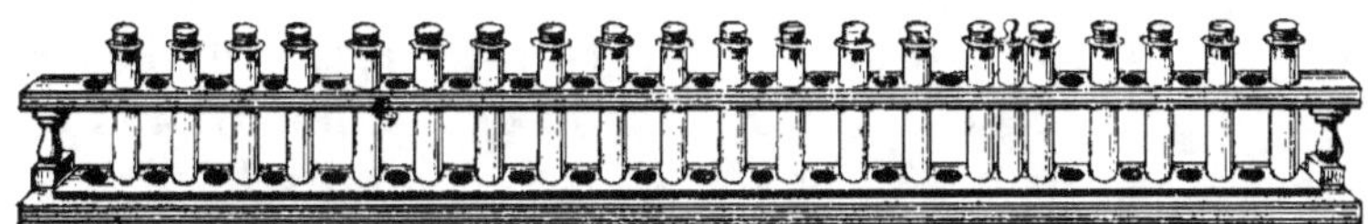

Fig 24.

pareil, par rapport à la source de lumière, de manière à voir les deux demi-disques *uniformément éclairés*. On *remonte le piston* du liquide type jusqu'à une hauteur convenable pour une bonne appréciation de la teinte de ce liquide, puis on tourne le bouton correspondant au liquide à comparer de manière à obtenir l'égalité de tons, en faisant des oscillations de plus en plus petites, de chaque côté de l'égalité de tons.

La lecture des verniers donnera immédiatement la longueur des colonnes liquides fournissant des colorations équivalentes.

Le *nettoyage des verres* est une *chose très importante pour ces instruments* en général, à cause de la *poussière* et de la *buée* dont l'effet est de *diminuer beaucoup la sensibilité.*

Un colorimètre simple et peu coûteux à la portée de toutes les bourses est représenté par la figure **24**. Il consiste essentiellement en un support en bois percé de **12 trous**.

Ces trous peuvent recevoir des tubes à essais jaugés à 50 cc. Entre chaque tube, il reste un trou libre pouvant également recevoir un tube semblable aux précédents. On se sert de cet appareil de la façon suivante pour le dosage des nitrates. On évapore à sec au bain-marie 10 cc. de solution de nitrate de potasse, page **38** et sur cette goutte séchée, on fait tomber **10** gouttes d'acide sulfophéniqué. A l'aide d'une baguette en verre on agite, puis on ajoute un peu d'eau et un excès d'ammoniaque puis on dilue à un 1/2 litre. On introduit cette solution dans les tubes du colorimètre à raison de 50 cc. dans le **1er**, 40 cc. dans le **2e**, 30 cc. dans le **3e**, 25 cc. dans le **4e**, 20 cc. dans le **5e**, 15 cc. dans le **6e**, 10 cc. dans le **7e**, **8** cc. dans le **8e**, 6 cc. dans le **9e**, 4 cc. dans le **10e**, **2** cc. dans le **11e**, **1** cc. dans le **12e**, on complète avec de l'eau distillée jusqu'au trait de jauge et on agite. D'un autre côté, on évapore à sec au bain-marie dans une capsule en porcelaine, **10** cc. d'eau.

Après refroidissement, on verse **10** gouttes d'acide sulfophéniqué, on étend d'eau, on ajoute de l'ammoniaque en excès puis on amène le volume à 50 cc. dans un tube semblable à ceux du colorimètre et on compare aux tubes du colorimètre. Par comparaison avec les tubes contenant des quantités connues de nitrates puisque 10 cc. de la liqueur de nitrate = **0** gr. 005 de nitrate de potasse (Voir page **38**) on en déduit la teneur de l'eau en nitrate.

Dosage des nitrites.

On dose également colorimétriquement les nitrites. On opère avec une solution type de nitrite de potasse (page 39) et on prend comme réactif, une solution au 1/100 de métaphényldiamine. La réaction doit donner une teinte jaune, orangée. Si la teinte était rouge il faudrait diluer.

Ammoniaque.

A 50 cc. d'eau à analyser on ajoute 1/2 cc. de carbonate sodique alcalin (page 25), on agite légèrement et au bout de 5 minutes on filtre. On recueille 20 cc. du filtrat dans un tube à essai et on ajoute 1/2 cc. de réactif de Nessler (page 26), une coloration rouge brun ou jaune brun ou un trouble indiquerait l'ammoniaque. Une bonne eau ne doit pas se colorer même après 10 minutes. Si la coloration est légère quoique instantanée, on peut passer outre, mais s'il y a coloration foncée ou précipité, l'eau doit être rejetée.

Dosage de l'ammoniaque. — On peut doser colorimétriquement de la façon suivante :

On verse 100 cc. d'eau à analyser dans une éprouvette haute fermant à l'émeri. On ajoute 1 cc. 5 de carbonate de soude alcalin (page 25) et on bouche. Après 3 heures de contact, le liquide est suffisamment clair, on en prend 50 cc. qu'on introduit dans un tube, jaugé, spécial et on ajoute 1 cc. de réactif de Nessler. Le liquide doit se colorer s'il y a de l'ammoniaque et non se troubler, s'il y avait un trouble, il faudrait opérer sur 25 cc. et diluer avec de l'eau pure. D'autre part, on prend un tube semblable dans lequel on met 50 cc. d'eau distillée et 1 cc. de réactif de Nessler ; à l'aide d'une burette on laisse tomber dans ce tube de la solution titrée de chlorure d'ammonium (page 39) jusqu'à égalité de teinte avec l'autre tube. La quantité de centimètres cubes employés indique le nombre de milligramme d'ammoniaque par litre d'eau. On peut encore doser l'ammoniaque si ce dernier est en quantité notable, en opérant de la façon suivante.

On introduit 500 cc. d'eau avec 5 gr. de magnésie pure calcinée dans un appareil à distiller et on recueille 200 cc. de liquide distillé dans une fiole contenant 5 cc. d'acide sulfurique anormal additionné de 3 gouttes de teinture de tournesol. Par titration avec une lessive de soude titrée, on en déduit la quantité d'ammoniaque dans le liquide. On multiplie par 2 pour avoir la quantité d'ammoniaque par litre d'eau.

Hydrogène sulfuré.

On introduit 100 cc. d'eau à essayer dans un petit ballon en verre, avec 1 cc. d'acide chlorhydrique pur. On chauffe doucement à 100 cc. pendant qu'à l'ouverture du ballon, on maintient un papier humide plombique. Si le papier noircit la présence de l'hydrogène sulfuré est démontrée. Il est inutile de doser l'hydrogène sulfuré car toute eau contenant même des traces de ce corps est réputée mauvaise.

Sulfocyanures.

On porte 1 litre d'eau à analyser au bain-marie et on la réduit à 100 cc. On filtre s'il y a lieu, puis on ajoute une goutte d'acide chlorhydrique pur, et quelques gouttes de perchlorure de fer très dilué. Une coloration rouge indiquerait les sulfocyanures. Cette teinte ne doit pas disparaître par l'acide chlorhydrique, tandis que l'acide nitrique et oxalique la détruit, et une nouvelle addition de perchlorure de fer la fait réapparaître.

Matières organiques.

On introduit 100 cc. d'eau à essayer, filtrée dans un ballon de 300 cc. et on ajoute 3 cc. d'acide sulfurique étendu de son volume d'eau et 10 cc. de solution de permanganate au 1/100 (page 30). On maintient 10 minutes à l'ébullition au bain de sable. On laisse refroidir vers 60°C, on ajoute 10 cc. de solution d'acide oxalique N/100 (p. 30), on agite et on laisse réagir jusqu'à complète décoloration.

On ajoute alors goutte à goutte à l'aide d'une burette la solution de permanganate jusqu'à obtention d'un liquide teinté en rose. Il faut que cette teinte persiste au moins 5 minutes.

On lit alors, le nombre de centimètres cubes employés soit 6 cc. 3 pour 100 cc. ou 63 cc. par litre. On exprime la quantité de matières organiques dissoutes dans l'eau en oxygène. Ainsi pour le cas présent nous aurons :

$$63 \times 0 \text{ mg. } 08 = 5 \text{ mgr. } 04 \text{ d'oxygène.}$$

Degré hydrotimétrique.

Dans un verre à expérience, on verse environ 25 cc. d'eau à essayer et on y ajoute 1 cc. de liqueur hydrotimétrique (page 25). S'il se produit un léger louche sans grumeaux, l'eau est douce et on peut procéder directement à la recherche du degré hydrotimétrique. Si au contraire il se produit des grumeaux l'eau est dure et avant de rechercher le degré hydrotimétrique, il faut l'allonger de 1 ou 2 fois son volume d'eau distillée. Il faut alors multiplier le résultat trouvé par 2 ou 4, suivant la dilution. Pour la recherche du degré hydrotimétrique, on se sert d'un flacon bouché à l'émeri et divisé de **10** cc. en **10** cc. jusqu'à **40** cc. et d'une burette spéciale appelée hydrotimètre, et graduée d'une façon empirique. La liqueur de savon (page **25**) est introduite dans la burette spéciale, jusqu'au trait supérieur. Dans le flacon hydrotimétrique, on introduit **40** cc. de solution de nitrate de baryte (page n° **25**) et on verse peu à peu la liqueur de savon contenue dans la burette.

De temps en temps on bouche le flacon et on agite vigoureusement, l'opération est terminée lorsqu'une mousse fine de **1/2** centimètre de haut persiste au moins 5 minutes, si la liqueur hydrotimétrique est juste, on a dû employer tout le contenu de la burette. S'il en était autrement, il faudrait corriger la liqueur par la méthode habituelle.

Pour faire un essai, on introduit **40** cc. d'eau dans le flacon et on laisse tomber goutte à goutte la liqueur hydrotimétrique, en agitant jusqu'à obtention d'une mousse persistante comme il a été dit plus haut. On obtient ainsi le degré hydrotimétrique total.

Degré hydrotimétrique permanent. — On soumet à l'ébullition pendant une demi heure **100** cc. d'eau, on filtre le liquide chaud et on ramène au volume primitif. On essaie l'eau comme ci-dessus.

Degré hydrotimétrique temporaire. — La différence entre le degré hydrotimétrique total et le degré permanent donne le degré hydrotimétrique temporaire. Le titre de la liqueur hydrotimétrique change à la longue, pour éviter de refaire le titre à chaque analyse, on prend le degré hydrotimétrique n, de **40** cc. de la solution de nitrate de baryte, puis le degré **N** de **40** cc. de l'eau à essayer et on applique la formule ci-dessous

$$\frac{23\,(N+1)}{n+1} - 1.$$

Soude et potasse.

On fait évaporer au bain-marie **2** litres d'eau dans une capsule en porcelaine jusqu'à réduction à 500 cc. environ.

On traite par un excès d'eau de baryte, on précipite ainsi l'acide sulfurique, la chaux, le fer et la magnésie.

On laisse reposer, on filtre et on lave le filtre à l'eau distillée bouillante, on ajoute les eaux de lavage au filtrat. On laisse refroidir, on traite par un excès de solution de carbonate d'ammoniaque (p. **27**) pour précipiter l'excès de baryte et on filtre. Dans le liquide filtré on ajoute une ou deux gouttes de carbonate d'ammoniaque, afin de s'assurer si toute la baryte est bien précipitée. On évapore alors la solution à siccité pour chasser tous les sels ammoniacaux, on chauffe faiblement au rouge jusqu'à ce qu'il ne se dégage plus de fumée. On reprend par un peu d'eau distillée, on filtre et on recueille dans une capsule de platine. On évapore à siccité, puis on calcine faiblement. On laisse refroidir à l'excicateur et on pèse. On déduit la tare de la capsule et on a le poids de chlorures de sodium et de potassium contenus dans deux litres d'eau.

Pour séparer les deux sels on opère comme suit. On dissout le produit de la calcination dans un peu d'eau distillée et on fait passer dans une capsule en porcelaine, on ajoute un excès de chlorure de platine, il se forme du chloroplatinate de soude et du chloroplatinate de potasse. On évapore jusqu'à ce qu'il ne reste plus que quelques gouttes de liquide. On laisse refroidir, il se produit une cristallisation. On traite par l'alcool à 90°, le chloroplatinate de sodium se dissout seul. Il reste dans la capsule le chloroplatinate de potassium qu'on fait passer sur un filtre, on lave à l'alcool, on sèche et on pèse. On retranche le poids du filtre et on multiplie la différence par **0,305** pour obtenir le poids de chlorure de potassium. Si on multiplie ce dernier poids par **0,631** on obtiendra le poids de potasse qu'on divisera par **2** pour obtenir le poids de sel par litre d'eau. On obtiendra le poids de chlorure de sodium en retranchant le poids du chlorure de potassium du poids des chlorures de potassium et de sodium et en multipliant ce chiffre par **0** gr. **53**, et en divisant par **2** on aura le poids de soude par litre d'eau.

Acide silicique.

On évapore au bain-marie **1** litre d'eau, si l'eau est chargée, et **2** litres si l'eau est légère. On additionne de **50** cc. d'acide chlorhydrique. On évapore à siccité, et on arrose le résidu sec avec de l'acide chlorhydrique dilué au **1/2**, on laisse en contact **10** minutes et on reprend par **50** cc. d'eau distillée chaude. On filtre, l'acide silicique reste sur un filtre. On lave à l'eau distillée chaude jusqu'à ce que l'eau n'ait plus de réaction acide. On sèche alors le filtre, qu'on incinère dans une petite capsule en platine. On laisse refroidir et on pèse du poids trouvé, on déduit les cendres du filtre et on a ainsi le poids d'acide silicique.

Fer.

On dose colorimétriquement avec le sulfocyanure d'ammonium en prenant comme liqueur type une solution contenant exactement **0** gr. **025** de fer par litre d'eau.

Alumine.

La liqueur acide provenant du dosage de l'acide silicique est saturée par l'ammoniaque, le liquide devient louche. On fait bouillir pour chasser l'ammoniaque en excès. On filtre alors dans un filtre sans cendre, on lave à l'eau distillée chaude, on incinère dans une capsule de platine, on laisse refroidir et on pèse. On a le poids d'alumine et d'oxyde de fer. On déduit de ce poids, celui du fer, ci-dessus, transformé en oxyde et on a le poids d'alumine.

Chaux.

Le liquide provenant de la recherche de l'alumine contient toute la chaux de l'eau. On le porte presqu'à l'ébullition et on ajoute une solution d'oxalate d'ammoniaque en excès, on laisse bouillir une demi-heure, on filtre sur un filtre dont on connait le poids des cendres. On s'assure en ajoutant un peu d'oxalate d'ammoniaque que toute la chaux est précipitée. On sèche alors le filtre à l'étuve et on l'incinère. Par calcination l'oxalate de chaux donne du carbonate de chaux.

Mais comme ce carbonate de chaux peut lui-même être décomposé par la chaleur, on le transforme en sulfate en arrosant le produit de l'incinération refroidi, avec de l'acide sulfurique étendu. Il faut opérer avec précaution pour éviter les projections. On incinère de nouveau, on laisse refroidir et on pèse. Du poids trouvé, on retranche le poids des cendres du filtre, et on a ainsi le poids de chaux à l'état de sulfate de chaux. En multipliant ce poids par 0,485 on obtient le poids de chaux correspondant.

Acide sulfurique.

On fait bouillir le liquide provenant du traitement précédent. On chasse ainsi toute l'ammoniaque. On acidule par de l'acide chlorhydrique et on ajoute une solution de chlorure de baryum en excès. On fait bouillir une demi-heure, on filtre, on incinère comme ci-dessus, et on multiplie par 0,3433 pour obtenir le poids d'acide sulfurique.

CHAPITRE III

L'ORGE

Les essais porteront sur :
1° Le toucher ;
2° La propreté du grain ;
3° L'uniformité des grains ;
4° La couleur ;
5° L'odeur ;
6° L'aspect de l'enveloppe ;
7° Le poids ;
8° La siccité ;
9° L'état de l'amande ;
10° Le pouvoir germinatif ;
11° La composition chimique.

La couleur. — Elle doit être jaune paille clair. Une couleur trop foncée indiquerait un grain récolté dans de mauvaises conditions, ou que le grain a souffert de l'humidité. Un grain présentant des bouts noirs est l'indice d'une fermentation dans les greniers. On cache quelquefois ces défauts en trempant le grain. On met cette fraude en évidence en faisant macérer une poignée de grain dans le moins d'eau possible. Dans cette eau décantée, on met quelques rognures de zinc et un peu d'acide chlorhydrique. Le gaz qui se dégage ne doit pas sentir l'hydrogène sulfuré (odeur d'œuf pourri). Il faut au préalable s'assurer que le zinc et l'acide ne contiennent pas de soufre.

Le toucher. — Si on fait passer le grain d'une main dans l'autre en le laissant tomber d'une hauteur de quelques centimètres, il doit bien glisser en faisant entendre le bruit sec et sonore propre aux grains secs.

La propreté du grain. — Une orge tout à fait propre, ne doit contenir, ni graines étrangères, ni pierres ou particules terreuses, ni parasites, ni grains cassés. On fait la proportion des impuretés en étalant sur une feuille de papier une petite couche de grains de 100 gr., on enlève les matières étrangères à l'aide de petites pinces, ou à la main et on les pèse. On en fait ensuite la proportion pour cent. On admet généralement que ce chiffre ne devrait pas dépasser 3 0/0.

L'uniformité des grains. — Les grains doivent être aussi uniformes que possible. Cette qualité est indispensable pour obtenir une germination régulière. En effet les petits grains absorbent davantage d'eau à la cuve mouilloire que les gros et germent plus vite. D'un autre côté les gros grains qui ne sont pas trempés suffisamment pourissent sur le germoir. On peut faire un triage des grains au laboratoire en se servant d'une série de tamis permettant de faire une classification.

L'aspect de l'enveloppe. — L'enveloppe de l'orge ne joue qu'un rôle mécanique dans la fabrication, elle sert à aider la filtration en cuve-matière. Puisque la paille du grain ne cède aucun principe utile au moût, il est évident que l'on doit donner la préférence aux grains ayant une pellicule fine. On jugera de l'importance de ce point si l'on pense que l'enveloppe du grain peut varier de 6 à 10 0/0 du poids de l'orge. En général les orges ont une proportion d'enveloppe moins grande que les escourgeons.

Le poids. — En principe une orge de brasserie lourde donne un plus grand rendement qu'une orge légère. On distingue :

Le poids absolu qui est celui de 1000 grains. Pour l'établir, on pèse une bonne pincée de grains, puis on compte ces grains et on fait la proportion pour **1000** grains.

Le poids volumétrique qui est le poids à l'hecto-litre. Ce poids n'est pas absolument exact. Il est en effet assez difficile de mesurer exactement un hectolitre d'orge, suivant la forme du grain, l'état de l'enveloppe, qui permet un tassement plus ou moins fort, un même grain peut donner des variations sensibles de poids pour un même volume. Cependant dans la pratique c'est ce mode d'estimation qui a prévalu. Ainsi on appelle :

Très bonne orge, celle pesant de **68** à **71** kgs à l'hect.
Bonne orge — **66** à **68** —
Orge moyenne — **64** à **66** —
Orge faible — **60** à **64** —

Cette classification n'a rien d'absolu et on rencontre quelquefois des orges classées comme faibles et donnant plus de rendement que d'autres pesant **67** kgs à l'hecto. Pour faire le poids de l'hectolitre au laboratoire, il existe des appareils spéciaux. Mais on peut s'en passer en opérant de la façon suivante :

On pèse la quantité de grains qu'on a disponible, **500** grs ou **1** kilo par exemple et on verse ce grain dans une éprouvette graduée, si possible de forme large. Par un calcul on établit ainsi le poids à l'hectolitre. Cette méthode est certainement moins précise qu'en opérant sur un hectolitre.

L'état de l'amande. — L'amande d'une bonne orge doit présenter un aspect farineux, une amande parais-sant glacée, vitreuse, indique un grain anormal et géné-ralement impropre pour la brasserie. Une amande vi-treuse indique généralement un grain trop riche en prin-cipes azotés. Un tel grain germe presque toujours dif-ficilement et les malts obtenus avec ces orges sont très souvent de qualités inférieures. On s'assure de l'état de l'amande du grain à l'aide d'appareils spéciaux appelés farinotum. Les modèles les plus courants sont celui de Grobeeker et celui de Firchter. Le premier représenté par la figure 25 se compose de deux plateaux A et C et d'un couteau circulaire B. Le tout est assemblé par un pivot D. Les deux plateaux A et C sont percés chacun de 50 trous, et les trous sont disposés de telle façon que les plateaux A et C étant fermés les trous coïncident. Pour se servir de l'appareil, le farinotum étant fermé le

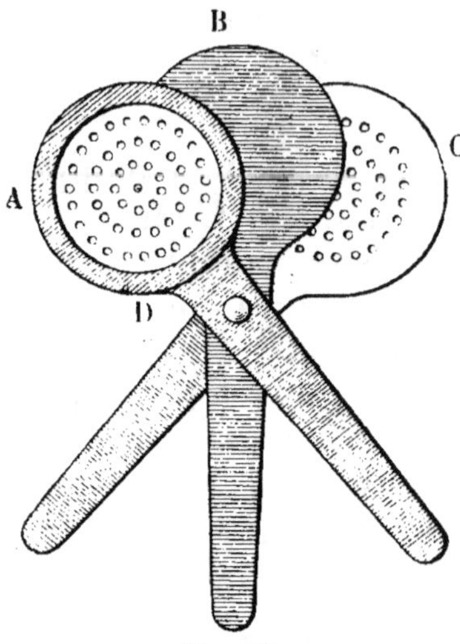

Fig. 25.

couteau étant sur le côté, on met le grain à essayer sur le plateau A et en imprimant quelques secousses à l'appareil on fait entrer l'orge dans les trous. On rejette l'excès de grain resté sur le plateau et en faisant rentrer le couteau entre les plateaux, on guillotine les 50 grains qui se trouvent dans les trous. On ouvre les deux plateaux, on compte les grains vitreux. On répète l'opération une seconde fois, on compte encore les grains vitreux et en faisant la somme de ceux-ci avec ceux trouvés dans la première opération, on a le tant pour cent de grains vitreux. Avec l'appareil précédent on obtient une coupe transversale, avec le fari-

Fig 26.

notum de Fichter, on fait une coupe longitudinale, ce qui est préférable.

Cet appareil se compose essentiellement d'un plateau circulaire percé d'alvéoles. Un couteau fixé au centre du plateau peut se mouvoir sur l'appareil en décrivant un cercle (fig. **26**).

Pour faire une expérience, on remplit les alvéoles de grains, puis on fait mouvoir le couteau.

Chaque grain se trouvant dans chaque alvéole se trouve coupé suivant sa longueur.

Il ne reste plus qu'à faire la proportion des grains vitreux. On a imaginé des appareils spéciaux appelés diaphanoscopes. Ils reposent sur le principe suivant. Les grains vitreux examinés par transparence paraissent translucides, tandis que les grains farineux paraissent opaques. Un diaphanoscope très simple est le suivant. Une boîte en bois ou en carton porte sur une de ses faces une vitre dépolie sur laquelle on étale le grain à examiner, à l'intérieur de cette boîte se trouve une lampe électrique à incandescence.

On fait l'examen au cabinet noir. On distingue les grains glacés aux caractères cités plus haut.

L'odeur. — Une orge saine doit avoir une odeur franche de paille sèche. Une odeur piquante ou de moisi, indique une altération du grain. On peut se rendre compte de l'odeur du grain en tenant une poignée de grain dans la main quelques minutes avant de sentir. On peut encore enfermer une poignée de grain dans un flacon rempli aux deux tiers, bien bouché et sentir au bout d'une demi-heure.

La siccité. — Il n'y a que l'analyse chimique qui peut renseigner exactement sur le degré de siccité du grain. Néanmoins les caractères physiques suivants, donnent de précieux renseignements. Une orge bien sèche fait entendre lorsqu'on la fait tomber dans la main à une certaine hauteur, un bruit sec caractéristique, il n'en est pas de même des grains humides qui ne produisent qu'un bruit mat. Avec des grains secs, il est facile d'enfoncer le bras profondément dans un sac d'orge, et on perçoit une sensation de fraîcheur. Avec des grains humides, cette opération est difficile et la main ressent une chaleur humide due à la fermentation du grain. Si on verse dans la main une poignée de grain sec, celui-ci glisse, tandis qu'il se tasse avec des grains humides.

Pouvoir germinatif. — C'est la proportion de grain pour cent ayant la faculté de germer. Une orge vieille ne germe plus. Une orge trop jeune a un pouvoir germinatif très bas. Le pouvoir germinatif n'est bien développé que 4 à 5 mois après la récolte de l'orge.

On fait l'essai au laboratoire de la façon suivante.

Dans un entonnoir en verre placé sur un support et fermé par un robinet, ou par un tube de caoutchouc et une pince de Mohr, on place une poignée de grains, on couvre d'eau fraîche et sur l'entonnoir on place une plaque de verre pour éviter l'évaporation. Il faut opérer en lieu frais, au bout de 5 à 6 heures, on fait couler l'eau par la partie inférieure et on la remplace par de la nouvelle bien fraîche. Quand on juge que le grain est suffisamment trempé, on laisse écouler cette seconde eau. On laisse le tout au repos jusqu'à ce que les grains piquent, c'est-à-dire jusqu'au moment où les radicelles commencent à sortir. A ce moment, on couvre le grain d'eau pendant une demi-heure, on soutire alors l'eau et on étale le grain en germination sur une assiette couverte de sable humide. Pour éviter l'évaporation, on place l'assiette sous une cloche. L'essai doit durer 6 jours à compter du moment où l'on a soutiré la seconde eau. On fait alors la proportion des grains germés pour cent. Ce chiffre doit être aussi élevé que possible, il devrait varier aux environs de 95 0/0.

On trouve dans le commerce des appareils spéciaux pour déterminer le pouvoir germinatif.

L'appareil Nobbe (fig. **27**) est le plus simple. Il consiste en deux plaques de terre poreuse. La plus épaisse est creusée en son centre d'une cavité et peut recevoir

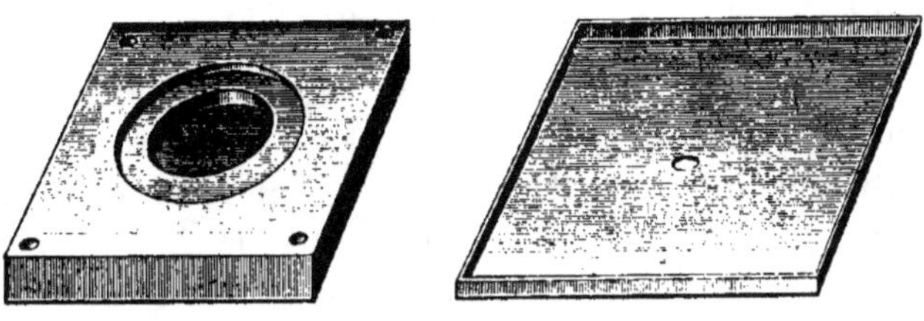

Fig 27.

le grain à essayer. La rigole circulaire est destinée à recevoir l'eau nécessaire à l'entretien de la germination. Aux angles on aperçoit quatre petites cavités qu'on remplit d'une solution de soude caustique destinée à absorber l'acide carbonique développé pendant la germination. Le tout est recouvert par une plaque plus mince de même matière ne fermant pas hermétiquement de façon à permettre le renouvellement de l'air. Un trou au centre du couvercle permet d'y placer un thermomètre. Puis vient l'appareil Schocenjahn qui se compose d'un vase en verre présentant à sa partie supérieure un étranglement sur lequel repose une plaque circulaire en porcelaine percée de 100 trous (fig. **28**). Pour faire un essai, on place un grain dans chaque trou de façon que la pointe par où sort la radi-

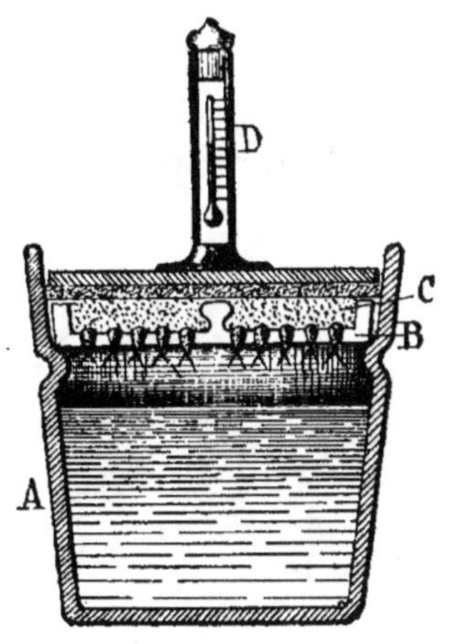

Fig. 28.

celle se trouve en bas. Par dessus on dispose 20 à 30 m/m. de sable humide et sur le sable on pose un feutre puis le couvercle muni de son thermomètre. Au bout de 5 à 6 jours il ne reste plus qu'à soulever le couvercle et à compter les grains germés.

Eau. — On concasse finement 5 gr. d'orge, on répèse exactement après la moûture et on porte à l'étuve 65° pendant une heure, puis à 100-105° trois heures. Pour cette opération il est commode d'employer les petits tubes en verre fermant à l'émeri et servant ordinairement à dessécher les filtres. Pendant tout le temps de la dessication, on laisse le tube ouvert à l'étuve, puis au moment de la pesée, on l'introduit également ouvert dans l'excicateur. jusqu'à ce qu'il soit complètement refroidi. Au moment de la pesée, il faut avoir soin de fermer le tube pour éviter l'absorption d'humidité On note le poids total du tube et du grain, puis on reporte à l'étuve une 1/2 heure, on pèse à nouveau en passant comme ci-dessus par l'excicateur. Si le poids n'a pas varié c'est que l'orge ne contient plus d'eau.

Soit T la tare du tube en verre.

P Le poids total du tube en verre et du grain, on aura l'humidité pour cent en faisant le calcul suivant :

$$\frac{5 \text{ gr. } (P - T) \times 100}{5}$$

Soit dans une expérience :

$$P = 22 \text{ gr. } 512$$
$$T = 18 \text{ gr. } 212$$

On aura :

$$\frac{[5 \text{ gr. } - (22,512 - 18,212)] \times 100}{5} = 14 \text{ 0/0 d'eau.}$$

Immédiatement après la récolte, une orge peut contenir 18 0/0 d'eau. Normalement la quantité d'eau varie de 12 à 15 0/0 d'eau.

Dosage de l'acidité.

On fait digérer 50 gr. de malt finement concassé dans 100 cc. d'eau distillée pendant 2 heures à la température ordinaire.

Au bout de ce temps, on filtre et dans le liquide filtré on dose l'acidité par la potasse déci-normale en présence du tournesol. On rapporte l'acidité à 100 gr. de grain et on exprime l'acidité en acide sulfurique ou mieux en acide lactique en se basant sur ce que 1 cc. 3 de potasse décinormale égale à 0 gr. 009 d'acide lactique.

Dosage de l'amidon.

Le principe de la méthode Marcker repose sur la saccharification de l'amidon et dosage de glucose formé puis calcul de l'amidon correspondant au glucose trouvé.

Deux grammes de grains concassés sont introduits dans un flacon à pression de Marcker avec 40 cc. d'eau. On ferme hermétiquement le flacon à l'aide de l'obturateur et de la vis en ayant soin d'interposer une petite feuille de caoutchouc entre l'obturateur et le goulot du flacon (fig. 29). On porte alors ce flacon dans un bain de paraffine dont la température est maintenue à 135° pendant 3 heures. Au bout de ce temps en retire le flacon et on le plonge dans

Fig. 29.

un bain d'eau bouillante et on laisse tomber la température de l'eau à 90° C. On ouvre le flacon avec précaution et on verse le contenu sur un petit filtre. On lave la drèche à l'eau bouillante et le filtrat est recueilli dans un petit ballon de **250** cc. environ.

La filtration ci dessus doit s'effectuer très chaudement, sous peine de voir l'opération se prolonger plusieurs heures. Le moyen d'effectuer cette opéra-tion rapidement est de boucher le ballon devant recevoir la filtration par un bouchon à deux trous (fig. 30). Dans l'un de ces trous s'engage un petit entonnoir dans lequel se trouve disposé une petite couche de **2** à **3** cm. de perles en verre. Pour empêcher les perles de passer, on introduit dans la douille de l'entonnoir quelques filaments d'amiante ou un fragment de toile métallique, à l'autre trou du bouchon se trouve fixé un tube en verre coudé à angle droit et relié à la trompe à eau. La douille de l'entonnoir doit descendre dans le ballon plus bas que l'orifice du tube à vide, ceci pour éviter les absorptions de liquide par la trompe. Tout le temps que s'effectue la filtration, on fait fonctionner la trompe.

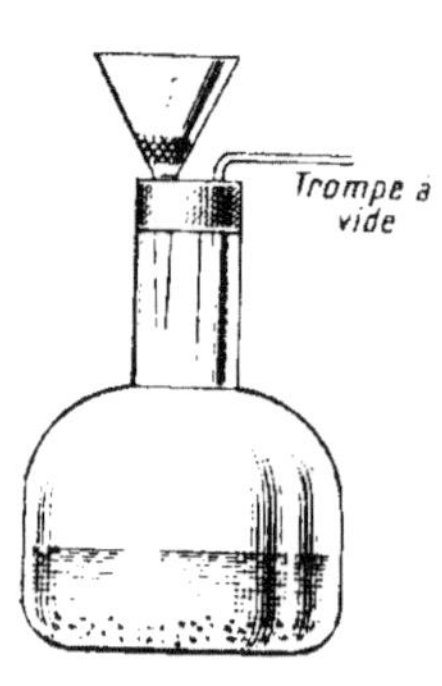

Fig. 30.

Dans ces conditions la filtration s'effectue rapidement. Au liquide filtré, contenu dans le ballon, on ajoute 15 cc. d'acide chlorhydrique concentré et au col du ballon, on dispose un réfrigérant ascendant. On chauffe le ballon au bain marie pendant **3** heures à l'ébullition. Au bout de ce temps, on laisse refroidir et sature presque complètement l'acide chlorhydrique par une lessive de soude. Il ne faut pas saturer complètement de crainte de rendre le liquide alcalin, ce qui aurait pour résultat de détruire de la glucose et de produire une teinte foncée ce qui rendrait les opérations ultérieures difficiles, puis on porte le volume du liquide exactement à **300** cc., et on procède au dosage du sucre dans ce liquide. Pour cela on porte à l'aide d'une pipette **10** cc. de liqueur de Fehling dans une petite fiole d'Erlenmeyer. Si on opère avec la liqueur de Fehling en solution séparée, comme il a été dit page **33**, on prend **5** cc. de chacune des deux liqueurs qu'on porte dans la fiole. On ajoute **20** cc. d'eau distillée et on chauffe à l'ébullition, la liqueur doit rester bleue et ne pas se troubler. S'il en était autrement, la liqueur serait impropre et il faudrait la rejeter. Dans la liqueur bouillante de Fehling, on laisse tomber un centimètre cube à la fois de la liqueur provenant du traitement du grain pour la recherche de l'amidon contenue dans une burette. La liqueur de Fehling se trouble et devient rougeâtre, on laisse reposer quelques secondes et en plaçant la fiole sur une feuille de papier blanc, on regarde si le liquide surnageant le dépôt rouge est encore bleu, si oui, on verse à nouveau **1** cc. de liqueur, on fait bouillir et on laisse reposer encore une fois, on répète ainsi l'opération jusqu'à ce que le liquide surnageant le dépôt soit incolore. On lit alors sur la burette le volume de liquide employé soit **10** cc. Le volume exact de liquide nécessaire à la décoloration de 10 cc. de liqueur de Fehling est donc compris entre 9 cc. et **10** cc.

On recommencé alors un essai définitif en ajoutant en une seule fois 5 cc., puis après une minute d'ébullition, on ajoute **4** cc. de liqueur, on fait bouillir et on laisse reposer comme tantôt. On examine le liquide surnageant, il est légèrement teinté en bleu, on ajoute alors le liquide une goutte à la fois jusqu'à complète décoloration. Pour obtenir ce résultat je suppose qu'il ait fallu employer **9** cc. **2** de liquide. On calcule la teneur en amidon de la façon suivante :

10 cc. de liqueur de Fehling $= 0$ gr. 05 de glucose.

Dans 9 cc. 2 de liquide, il y a donc 0 gr. 05 de glucose.

Dans 300 cc. il y aura

$$\frac{0 \text{ gr. } 05 \times 300}{9,2} = 1,63 \text{ de glucose.}$$

Pour calculer l'amidon correspondant au glucose, on se base sur l'équation suivante :

$$C^6H^{10}O^5 + H^2O = C^6H^{12}O^6$$
$$\text{Amidon} + \text{Eau} = \text{Glucose}$$
$$162 + 18 = 180$$

180 gr. de glucose correspond donc à 162 gr. d'amidon.

Le rapport est donc de :

$$\frac{162}{180} = 0,9$$

Il suffit donc de multiplier le poids de glucose par le rapport $\frac{162}{180}$ ou plus simplement par 0,9 pour avoir le poids correspondant d'amidon.

$$1 \text{ gr. } 63 \times 0,9 = 1 \text{ gr. } 467.$$

Ces 1 gr. 467 d'amidon sont contenus dans 2 grammes de grain. 100 grammes de grain contiennent donc :

$$\frac{1 \text{ gr. } 467 \times 100}{2} = 73 \text{ gr. } 35.$$

Avec un peu d'habitude, on arrive à doser volumétriquement et avec rapidité à l'aide de la liqueur de Fehling. Néanmoins il existe des chimistes qui préfèrent la méthode pondérale certainement plus exacte, mais aussi plus longue et plus délicate.

Le procédé consiste à traiter à l'ébullition un excès de liqueur de Fehling par un volume connu de liquide à doser. Le précipité rouge d'oxyde de cuivre est recueilli sur un filtre spécial, séché et réduit à chaud dans un courant d'hydrogène. Du poids de cuivre métallique ainsi obtenu, on calcule la quantité correspondante de glucose en se servant de la table d'Allihn (p. 68).

Un procédé rapide et très exact de dosage du glucose est la méthode optique en se servant par exemple du saccharimètre Laurent qui est sans contredit le meilleur et le plus pratique des appareils de ce genre.

Pour opérer par cette méthode, après la saturation de l'acide chlorhydrique par la soude (p. 64) on ajoute 1 gramme de noir animal lavé en poudre fine, le volume du liquide doit être d'environ 200 cc., on agite et on jette sur un filtre, on recueille le filtrat dans une fiole jaugée de 300 cc. puis quand tout le liquide est écoulé, on lave le noir resté sur le filtre à l'aide d'eau bouillante de façon à obtenir un peu moins de 300 cc. On tempère le ballon à 15° C, puis on complète le volume à 300 cc. On remplit le tube de 20 cm. du saccharimètre et on polarise soit 2°6, la rotation obtenue à l'échelle saccharimétrique :

1° Saccharimétrique $= 0,204$ de glucose 0/0.

d'où :

2° $,6 \times 0,204 = 0$ gr. 5304 de glucose 0/0.

Et dans 300 cc.

$$0,5304 \times 3 = 1 \text{ gr. } 59 \text{ de glucose.}$$

Soit :

$$1 \text{ gr. } 59 \times 0,9 = 1 \text{ gr. } 431 \text{ d'amidon.}$$

Dans 2 gr. de grain il y a 1 gr. 431 d'amidon.
Dans 100 gr. de grain il y aura :

$$\frac{1,431 \times 100}{2} = 71 \text{ gr. } 5 \text{ d'amidon } 0/0.$$

On voit avec quelle rapidité l'analyse est faite par la méthode optique.

Table d'Allihn.

Cuivre	Glucose	Cuivre	Glucose	Cuivre	Glucose
mg.	mg.	mg.	mg.	mg.	mg.
10	6,1	53	27,4	96	48,9
11	6,6	54	27,9	97	49,4
12	7,1	55	28,4	98	49,9
13	7,6	56	28,8	99	50,4
14	8,1	57	29,3	100	50,9
15	8,6	58	29,8	101	51,4
16	9,0	59	30,3	102	51,9
17	9,5	60	30,8	103	52,4
18	10,0	61	31,3	104	52,9
19	10,5	62	31,8	105	53,5
20	11,0	63	32,3	106	54,0
21	11,5	64	32,8	107	54,5
22	12,0	65	33,3	108	55,0
23	12,5	66	33,8	109	55,5
24	13,0	67	34,3	110	56,0
25	13,5	68	34,8	111	56,5
26	14,0	69	35,3	112	57,0
27	14,5	70	35,8	113	57,5
28	15,0	71	36,3	114	58,0
29	15,5	72	36,8	115	58,6
30	16,0	73	37,3	116	59,1
31	16,5	74	37,8	117	59,6
32	17,0	75	38,3	118	60,1
33	17,5	76	38,8	119	60,6
34	18,0	77	39,3	120	61,1
35	18,5	78	39,8	121	61,6
36	18,9	79	40,3	122	62,1
37	19,4	80	40,8	123	62,6
38	19,9	81	41,3	124	63,1
39	20,4	82	41,8	125	63,7
40	20,9	83	42,3	126	64,2
41	21,4	84	42,8	127	64,7
42	21,9	85	43,4	128	65,2
43	22,4	86	43,9	129	65,7
44	22,9	87	44,4	130	66,2
45	23,4	88	44,9	131	66,7
46	23,9	89	45,4	132	67,2
47	24,4	90	45,9	133	67,7
48	24,9	91	46,4	134	68,2
49	25,4	92	46,9	135	68,8
50	25,9	93	47,4	136	69,3
51	26,4	94	47,9	137	69,8
52	26,9	95	48,4	138	70,3

Cuivre	Glucose	Cuivre	Glucose	Cuivre	Glucose
mg.	mg.	mg.	mg.	mg.	mg.
139	70,8	186	95,2	233	120,1
140	71,3	187	95,7	234	120,7
141	71,8	188	96,3	235	121,2
142	72,3	189	96,8	236	121,7
143	72,9	190	97,3	237	122,3
144	73,4	191	97,8	238	122,8
145	73,9	192	98,4	239	123,4
146	74,4	193	98,9	240	123,9
147	74,9	194	99,4	241	124,4
148	75,5	195	100,0	242	125,0
149	76,0	196	100,5	243	125,5
150	76,5	197	101,0	244	126,0
151	77,0	198	101,5	245	126,6
152	77,5	199	102,0	246	127,1
153	78,1	200	102,6	247	127,6
154	78,6	201	103,1	248	128,1
155	79,1	202	103,7	249	128,7
156	79,6	203	104,2	250	129,2
157	80,1	204	104,7	251	129,7
158	80,7	205	105,3	252	130,3
159	81,2	206	105,8	253	130,8
160	81,7	207	106,3	254	131,4
161	82,2	208	106,8	255	131,9
162	82,7	209	107,4	256	132,4
163	83,3	210	107,9	257	133,0
164	83,8	211	108,4	258	133,5
165	84,4	212	109,0	259	134,1
166	84,8	213	109,5	260	134,6
167	85,3	214	110,0	261	135,1
168	85,9	215	110,6	262	135,7
169	86,3	216	111,1	263	136,2
170	86,9	217	111,6	264	136,8
171	87,4	218	112,1	265	137,3
172	87,9	219	112,7	266	137,8
173	88,5	220	113,2	267	138,4
174	89,0	221	113,7	268	138,9
175	89,5	222	114,3	269	139,5
176	90,0	223	114,8	270	140,0
177	90,5	224	115,3	271	140,6
178	91,1	225	115,9	272	141,1
179	91,6	226	116,4	273	141,7
180	92,1	227	116,9	274	142,2
181	92,6	228	117,4	275	142,8
182	93,1	229	118,0	276	143,3
183	93,7	230	118,5	277	143,9
184	94,2	231	119,0	278	144,4
185	94,7	232	119,6	279	145,0

Cuivre	Glucose	Cuivre	Glucose	Cuivre	Glucose
mg.	mg.	mg.	mg.	mg.	mg.
280	145,5	327	171,4	374	198,0
281	146,1	328	172,0	375	198,6
282	146,6	329	172,7	376	199,1
283	147,2	330	173,1	377	199,7
284	147,7	331	173,3	378	200,3
285	148,3	332	174,2	379	200,8
286	148,8	333	174,8	380	201,4
287	149,4	334	175,3	381	202,0
288	149,9	335	175,9	382	202,5
289	150,5	336	176,5	383	203,1
290	151,0	337	177,0	384	203,7
291	151,6	338	177,6	385	204,3
292	152,1	339	178,1	386	204,8
293	152,7	340	178,7	387	205,4
294	153,2	341	179,3	388	206,0
295	153,8	342	179,8	389	206,5
296	154,3	343	180,4	390	207,1
297	154,9	344	180,9	391	207,7
298	155,4	345	181,5	392	208,3
299	156,0	346	182,1	393	208,8
300	156,5	347	182,6	394	209,4
301	157,1	348	183,2	395	210,0
302	157,6	349	183,7	396	210,6
303	158,2	350	184,3	397	211,2
304	158,7	351	184,9	398	211,7
305	159,3	352	185,4	399	212,3
306	159,8	353	186,0	400	212,9
307	160,4	354	186,6	401	213,5
308	160,9	355	187,2	402	214,1
309	161,5	356	187,7	403	214,6
310	162,0	357	188,3	404	215,2
311	162,6	358	188,9	405	215,8
312	163,1	359	189,4	406	216,4
313	163,7	360	190,0	407	217,0
314	164,2	361	190,6	408	217,5
315	164,8	362	191,1	409	218,1
316	165,3	363	191,7	410	218,7
317	165,9	364	192,3	411	219,3
318	166,4	365	192,9	412	219,9
319	167,0	366	193,4	413	220,4
320	167,5	367	194,0	414	221,0
321	168,1	368	194,6	415	221,6
322	168,6	369	195,1	416	222,2
323	169,2	370	195,7	417	222,8
324	169,7	371	196,3	418	223,3
325	170,3	372	196,8	419	223,9
326	170,9	373	197,4	420	224,5

Cuivre	Glucose	Cuivre	Glucose	Cuivre	Glucose
mg.	mg.	mg.	mg.	mg.	mg.
421	225,1	436	233,9	451	242,8
422	225,7	437	234,5	452	243,4
423	226,3	438	235,1	453	244,0
424	226,9	439	235,7	454	244,6
425	227,5	440	236,3	455	245,2
426	228,0	441	236,9	456	245,7
427	228 6	442	237,5	457	246,3
428	229,2	443	238,1	458	246,9
429	229,8	444	238,7	459	247,5
430	230,4	445	239 3	460	248,1
431	231,0	446	239,8	461	248,7
432	231,6	447	240,4	462	249,3
433	232,2	448	241,0	463	249,9
434	232,8	449	241,6		
435	233,4	450	242,2		

Les méthodes précédentes donnent la totalité de l'amidon contenu dans l'orge. En brasserie où l'on emploie quelquefois les grains crus, il peut être utile de connaître le rendement d'une orge ou d'un escourgeon.

Dans ce but, on se prépare une solution diastasique en faisant macérer pendant 6 heures 150 gr. de malt concassé dans 1 litre d'eau à une température de 10 à 15° C., puis on filtre cette infusion.

Cette préparation doit être faite au moment de l'emploi. D'autre part, on concasse finement 50 gr. de grain à essayer qu'on mélange à 500 cc. d'eau.

On chauffe à l'ébullition pour former un empois.

Pendant tout le temps de l'ébullition, on ajoute de l'eau pour remplacer celle évaporée. On laisse alors refroidir l'empois à 60° C. et on ajoute 100 cc. de la solution diastasique ci-dessus. On maintient à 60° C. pendant 3/4 d'heure, au bain-marie, on filtre alors l'infusion sur une toile métallique ayant des mailles de 1 m/m. On porte alors le volume à l'aide d'eau distillée à 500 cc.

On arrosant la drèche avec de l'eau bouillante, on tempère à 15° et on complète alors le volume exactement à 600 c³. Dans une capsule tarée, on évapore à siccité 20 cc. de l'infusion ci-dessus, soit p, le poids d'extrait obtenu. Dans une autre capsule, on évapore également à siccité 20 cc. de la solution diastastique, soit p' le poids d'extrait obtenu.

La différence entre p et p' sera la quantité d'extrait dans 20 cc. de liquide. Pour avoir le rendement pour cent, il suffira de multiplier ce résultat par 60 d'où la formule générale.

$$\text{Rendement} = (p - p')\ 60.$$

Pour la méthode ci-dessus, on obtient le rendement formé par toutes les matières contenues dans le grain et solubles dans l'eau. Si on voulait trouver la quantité d'amidon par cette méthode il faudrait opérer de la façon suivante :

150 cc. de l'infusion ci-dessus sont additionnés de 15 cc. d'acide chlorhydrique concentré et chauffés pendant 3 heures au bain-marie au réfrigérant ascendant, au bout de ce temps, on sature presque complètement l'acide, on laisse refroidir et on porte le volume à 200 cc., puis on dose le glucose comme il a été fait page 64. Soit p ce poids, d'autre part, on fait la même expérience avec la solution diatasique, et on dose, le glucose trouvé, soit p' ce poids, le poids d'amidon pour cent est donné par la formule ci-dessus.

$$\text{Amidon pour cent} = [(p - p') \times 0{,}9] \times 8.$$

Dosage de l'azote dans l'orge.

Méthode de Kjedahl.

Un gramme de la matière finement pulvérisée est introduite dans un petit matras à fond plat de **100 cc.** environ avec **20 cc.** d'acide sulfurique fumant. On chauffe sur une toile métallique à un feu très doux pour éviter les projections. Lorsque la masse ne charbonne plus, on chauffe davantage pour que le liquide bout tranquillement.

Il est bon pour cette opération de couvrir le ballon à l'aide d'une petite boule en verre.

Au bout de **2** heures environ, le liquide dans le ballon devient rouge clair ou rose. A ce moment on projette dans le ballon, une pincée de permanganate de potasse pour achever l'oxydation. Il faut prendre quelques précautions en ajoutant le permanganate, car la réaction est très vive. On continue alors l'ébullition pendant quelques minutes.

Le liquide devient alors jaune clair et ressemble assez à l'huile d'olive. L'opération est alors terminée. On retire le ballon du feu et on laisse refroidir. Toute l'azote contenue dans la matière traitée par l'acide sulfurique est transformée en sulfate d'ammoniaque. Pour doser cet ammoniaque il suffit de traiter l'acide sulfurique provenant du traitement de la matière à analyser par une base telle que la soude, et recueillir l'ammoniaque dans une solution titrée d'acide sulfurique.

On se sert pour cette opération du réfrigérant de Schlœsing représenté par la figure **31**. Dans le ballon d'une capacité de **1** litre 1/2 à **2** litres, on introduit **100 cc.** d'eau pure et on y verse le contenu du petit ballon. Ce petit ballon est ensuite bien rincé à l'eau distillée et les eaux de lavage sont versées dans le grand ballon.

Dans le ballon de l'appareil Schlœsing, on jette quelques morceaux de pierre ponce gros comme un pois,

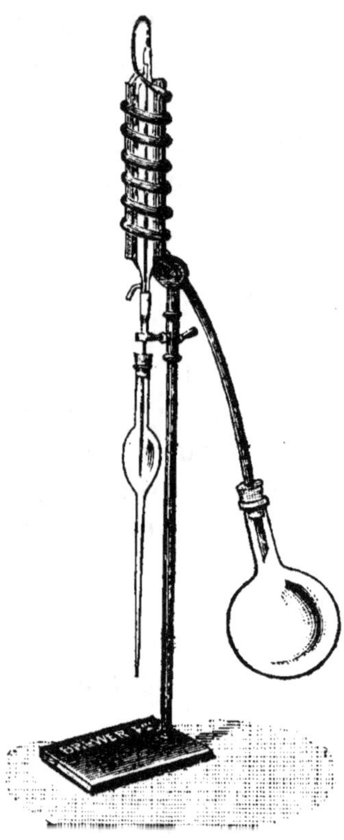

Fig. 31.

ceci pour régler l'ébullition, puis on ajoute un morceau de papier de tournesol rouge et on verse vivement en agitant le ballon un excès de lessive de soude caustique concentrée. On s'aperçoit que la lessive est en excès lorsque le papier de tournesol reste bleu. L'idéal serait de n'employer que de la lessive de soude exempte de carbonate, mais ceci est impossible avec les lessives du commerce. Le ballon est relié à un serpentin en étain fin. En haut est un réfrigérant destiné à condenser les vapeurs provenant du ballon. Par l'intermédiaire d'un tube effilé, les vapeurs condensées arrivent dans un vase contenant 10 cc. d'acide sulfurique normal. On chauffe le ballon et on fait passer de l'eau froide dans le réfrigérant et lorsque environ 60 cc. de liquide sont passés à la distillation on retire le vase contenant l'acide et on laisse tomber une goutte du distillat sur un papier rouge de tournesol, si le papier ne bleuit pas, l'opération est terminée.

On porte exactement le liquide distillé à 100 cc. ce qui représente alors une solution décinormale sulfurique, dans laquelle une partie de SO^4H^2 est saturée par de l'ammoniaque.

Pour doser l'ammoniaque on opère de la façon suivante.

A l'aide d'une pipette on porte 10 cc. du liquide ci-dessus dans un becherglass et on ajoute quelques gouttes de teinture de tournesol, on obtient alors un liquide rouge. J'ai dit plus haut que la soude caustique contient toujours des carbonates ce qui a pour résultat de faire passer de l'acide carbonique dans la liqueur titrée. Cet acide carbonique peut faire commettre des erreurs grossières, aussi est-il bon de porter le becherglass contenant les 10 cc. de SO^4H^2 titré à l'ébullition avant de titrer. A l'aide d'une burette graduée, en 1/10 de centimètre cube on fait tomber goutte à goutte dans le becherglass une liqueur normale décime de potasse jusqu'à virage au bleu. A ce moment on lit sur la burette le volume de potasse employée soit 9 cc. et on raisonne de la façon suivante.

Sur les 10 cc. de SO^4H^2 titré 1 cc. est saturé par AzH^3 or 1 cc. de SO^4H^2 correspond à 0 gr. 0014 d'azote. Il faut multiplier ce résultat par 10 puisque les 10 cc. de SO^4H^2 titré primitif sont maintenant dilués à 100, soit

$$0 \text{ gr. } 0014 \times 10 = 0 \text{ gr. } 014$$

Pour doser par cette méthode l'azote dans l'orge, on pèse 1 gr. de matière pulvérisée qu'on traite comme il a été dit plus haut. Je suppose que pour saturer 10 cc. de l'acide SO^4H^2 contenant l'AzH^3, il ait fallu 8 cc. 5 de potasse décinormale.

1 cc. 5 de SO^4H^2 a donc été saturé par AzH^3. Or, je puis pour simplifier les calculs supposer qu'au lieu d'avoir affaire à des liqueurs décinormales, j'opère

avec des liqueurs normales. De cette façon, un simple calcul mental me donne le pour cent d'azote dans le malt.

En effet :

$$1 \text{ cc. de liqueur normale} \quad = 0 \text{ gr. } 014 \quad Az$$
$$0,1 \quad - \quad = 0 \text{ gr. } 0014$$

d'où

$$1 \text{ cc. de liqueur à } 0 \text{ gr. } 014 = 0 \text{ gr. } 014$$
$$0,5 \quad - \quad 0 \text{ gr. } 0014 = 0 \text{ gr. } 0070$$
$$\text{Total.} \quad . \quad . \quad 0 \text{ gr. } 0210$$

Dans 1 gr. de grain il y a **0** gr. **021** d'Az.
Dans **100** gr. — **2** gr. **100**

La façon de calculer ci-dessus est préférable aux règles de trois, moins rapides et sujettes aux erreurs.

Méthode de Will et Warentrapp.

Cette méthode n'est plus guère usitée, aussi nous l'indiquerons pour mémoire.

Trois grammes de grain finement concassés sont mélangés intimement à de la chaux sodée bien sèche. D'autre part, on prépare un tube à combustion comme l'indique la figure **32**. On introduit en A, un petit tampon d'amiante lavée, puis sur une longueur de **5** centimètres environ on place en B, de la chaux sodée pure, on introduit ensuite de B en C, le mélange de grain et de chaux sodée, on achève alors de remplir le tube avec de la chaux sodée en grains, puis on place un tampon d'amiante D. On frappe le tube à plat sur une table de façon à ménager dans la partie supérieure du tube un petit canal pour le passage des gaz. On ferme ensuite le tube par un bouchon percé et muni d'un tube à boules contenant **30** cc. d'acide sulfurique nor-

mal. On place alors le tube à combustion sur une grille
à gaz et on commence à chauffer le tube par la partie
antérieure, c'est-à-dire du côté du tube à boules. On
chauffe ainsi progressivement tout le tube de façon à le
porter au rouge sombre. A cette température et en
présence de la chaux sodée, les matières azotées sont
décomposées et l'ammoniac formé se dégage dans
l'appareil à boules, où il se combine à l'acide sulfurique.

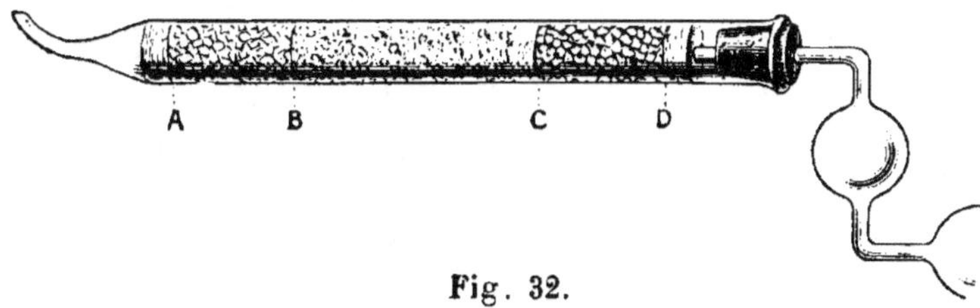

Fig. 32.

Le dégagement gazeux ne doit pas être trop rapide.

On doit pouvoir compter les bulles. Lorsque l'opération est terminée, ce que l'on reconnait lorsque le dégagement gazeux est terminé, on brise la pointe P du
tube, et on aspire par le tube de boules, de façon à
balayer l'ammoniac qui pourrait se trouver dans le
tube à combustion.

Le liquide contenu dans le tube à boules est versé
dans une fiole jaugée de **300** cc., on rince le tube à boules avec de l'eau distillée, qu'on verse également dans
la fiole de **300** cc. On tempère à **15°** et on remplit au
trait de jauge avec de l'eau distillée. On dose l'ammoniac comme il a été dit pour la méthode de Kjédahl avec
de la potasse **N/10**.

Calcul de la matière azotée. — Les matières azotées
contenant 16 0/0 d'azote. Si l'on veut transformer le
pour cent d'azote en matières azotées, il suffit d'appliquer la formule ci-dessous.

Az = Azote pour cent.

M = Matières azotées pour cent.

$$M = \frac{100 \times Az}{16}$$

Dosage des matières azotées solubles.

On fait infuser pendant **24** heures **50** gr. d'orge en poudre dans **600** cc. d'alcool à **20°** GL puis on filtre.

Dans un petit ballon de **150** à **200** on introduit **100** cc. de l'infusion ci-dessus qu'on évapore à siccité, puis on dose l'azote dans cet extrait sec par la méthode de Kjédahl. En appliquant la formule ci-dessous, on obtient le pour cent de matières azotées solubles.

$$\frac{100 \times Az}{16} \times 12 = \text{Matières azotées totales pour cent.}$$

Dosage des matières coagulées à 100 C°.

On fait bouillir pendant une demi-heure **300** cc. de l'infusion alcoolique d'orge. Au bout de ce temps, on filtre sur un petit filtre en papier Berzelius, on lave le précipité à l'eau bouillante, on sèche le filtre à l'étuve, puis on l'introduit dans un petit ballon où on le traite par l'acide sulfurique et par la méthode de Kjédahl, on dose l'azote dans le précipité. On trouve le pour cent de matières azotées coagulables par le calcul ci-dessus.

$$\frac{100 \times Az}{16} \times 4 = \text{matières azotées coagulées pour cent.}$$

Dosage des matières azotées solubles à 100°.

La différence entre les matières azotées solubles totales et les matières azotées coagulées à 100° donnera la proportion pour cent de matières azotées solubles à 100°.

Soit p le poids de matières azotées solubles totales.

p' » » » coagulées à 100.

On aura :

$$p - p' = \text{Matières azotées solubles à 106° C.}$$

Cendres.

L'orge contient **2,5** à **3** 0/0 de cendres. Pour doser les cendres, on pèse 1 gramme d'orge concassé qu'on place dans une capsule en platine tarée. On calcine dans un moufle au rouge sombre, jusqu'à obtention de cendres blanches. Il faut environ une heure pour obtenir ce résultat. On laisse ensuite refroidir à l'excicateur et on pèse. Wolf donne la composition suivante pour les cendres d'orge.

Potasse	**20,92** 0/0
Soude	**2,39** »
Chaux	**2,64** »
Magnésie	**8,83** »
Oxyde de fer.	**1,19** »
Acide phosphorique	**35,10** »
» sulfurique	**1,80** »
» silicique	**25,91** »
Chlore.	**1,02** »

De tous les corps ci-dessus, la teneur en acide phosphorique est seule importante. Les phosphates étant la base de la nutrition minérale de la levure, la teneur des cendres en acide phosphorique doit être aussi élevée que possible.

Dosage de l'acide phosphorique.

Méthode volumétrique à l'acétate d'urane.

Cinq grammes d'orge sont placés dans une capsule en platine et arrosés avec une solution concentrée d'eau de baryte et mis à sécher à l'étuve. On calcine ensuite au moufle jusqu'à obtention de cendres bien blanches. Les cendres ainsi obtenues sont arrosées d'acide nitrique et séchées au bain-marie, on arrose une seconde fois d'acide nitrique et on sèche de nouveau au bain-marie.

On traite les cendres par de l'eau distillée bouillante et on filtre pour séparer l'insoluble. On arrose d'eau distillée bien chaude, l'insoluble reste sur le filtre et les eaux de lavage sont réunies à la solution des sels solubles des cendres. On évapore à sec pour chasser l'acide nitrique, et on reprend le résidu par de l'eau additionnée d'acide acétique, on porte le volume du liquide à **200** cc.

Sur une assiette en porcelaine, on dispose une série de gouttes de solution aqueuse de ferrocyanure de potassium à 7 0/0 de sel et fraîchement préparée.

D'une burette divisée en 1/10 de centimètres cubes, on laisse tomber centimètre cube par centimètre cube la solution d'urane (voir page 35) dans 50 cc. de la solution phosphorique ci-dessus portée à 85° C.

De temps en temps, à l'aide d'une baguette en verre, on prend une goutte de la solution soumise à l'essai et on la dépose sur l'assiette près d'une goutte de ferrocyanure et on regarde ce qui se passe au point de contact des deux gouttes, une coloration rouge brun indiquerait la présence de l'acide phosphorique dans la solution. Dans ce cas, on laisse encore tomber un centimètre cube de liqueur d'urane, on chauffe deux minutes à 85° C et on renouvelle l'essai ci-dessus tant qu'il ne se produit plus de coloration rouge brun. Je suppose que ce but soit atteint avec 25 cc. de solution d'urane. Tout l'acide phosphorique n'était pas encore précipité avec 14 cc. de solution d'urane et avec 15 cc. il n'y a plus d'acide phosphorique en solution, le titre exact de la solution contenant l'acide phosphorique est donc compris entre 24 et 25 cc.

On refait alors un essai définitif sur 50 cc. de liquide en ajoutant 5 cc. de réactif d'urane à la fois, puis à partir de 24 cc. on n'ajoute plus qu'un 1/10 de centimètre cube à la fois et ce en faisant un essai au ferrocyanure chaque fois.

Je suppose qu'il ait fallu ainsi ajouter 24 cc. 4. On obtient le 0/0 d'anhydride phosphorique dans l'orge en appliquant la formule ci-dessous

$$V = \text{le volume d'acétate d'urane employé.}$$

$$\text{Anhydride phosphorique dans 0/0 gr. d'orge.} \Big\} = (0 \text{ gr. } 005 \times V) \times 80.$$

Dosage de l'acide phosphorique par la méthode pondérale

On traite les cendres d'orge comme il a été fait pour le dosage à l'urane, mais au lieu de reprendre par l'eau acidulée d'acide acétique, on reprend les cendres traitées à l'acide nitrique par de l'eau acidulée par l'acide nitrique. On filtre, et on lave le filtre et le vase à l'eau distillée bouillante. Le filtrat et les eaux de lavage sont réunies et traitées par 80 cc. de solution de molybdate fort (page 34). On obtient ainsi un précipité cristallin, on maintient le vase où s'effectue la précipitation à 60° pendant 8 heures en se servant d'un bain-marie. Au bout de ce temps, tout l'acide phosphorique est précipité. On verse encore dans le liquide clair qui surnage quelques gouttes de molybdate fort. Il ne doit plus y avoir de trouble, ce qui indiquerait qu'il resterait de l'acide phosphorique non précipité.

On verse lentement la partie claire surnageant le précipité sur un filtre et on lave le précipité restant dans le vase à précipiter, ainsi que le filtre avec la solution de molybdate faible. On dissout alors le précipité de phospho-molybdate avec de l'eau ammoniacale au 1/3 et on fait passer le tout sur le filtre de façon à dissoudre le précipité pouvant se trouver sur le filtre.

L'acide phosphorique par cette manipulation entre de nouveau en solution.

On verse très lentement dans cette solution environ 15 cc. de mixture magnésienne en agitant constamment, on s'assure que tout l'acide phosphorique est précipité en ajoutant au liquide clair un peu de mixture magnésienne.

On filtre sur un filtre sans cendre, le précipité de phosphate-ammoniaco-magnésien est lavé à l'eau ammoniacale, puis le filtre et son contenu sont séchés et incinérés. Le produit incinéré et pesé donne l'acide phosphorique contenue dans 5 gr. d'orge sous forme de pyrophosphate de magnésie. En multipliant ce poids par 0,64 on aura le poids correspondant en acide phosphorique et en multipliant ce poids d'acide phosphorique par 20 on aura la teneur 0/0 en acide phosphorique dans le grain.

Rendement en extrait d'un grain cru.

Cette méthode peut s'appliquer à toutes les céréales, orge, blé, seigle, maïs, riz ou manioc.

On pèse exactement 25 gr. de céréale qu'on concasse finement, on repèse après la mouture pour s'assurer qu'il y a bien 25 gr. de produit. On introduit les 25 gr. de mouture dans le gobelet en cuivre de l'appareil à saccharification et on ajoute 100 cc. d'eau. Tout en agitant bien, on porte au bain-marie à l'ébullition pendant 30 minutes.

D'autre part, on a préparé un petit brassin de 25 gr. de malt avec 100 cc. d'eau à 45°. Lorsque le grain cru a été porté à 100° pendant une demi-heure, on fait refroidir vivement à 45° et on y verse le brassin de malt qui se trouve également à 45°. On stationne trente minutes à cette température tout en faisant fonctionner l'agitateur mécanique puis en vingt-cinq minutes on monte à 70° C^e. On maintient le brassin à cette température tout le temps nécessaire pour que la transformation de l'amidon soit complète, ce dont on s'assure à l'aide de l'iode. Lorsque ce résultat est atteint, on refroidit rapidement à 25° et on porte le poids du bassin exactement à 450 gr., tare du gobelet non comprise bien entendu.

On filtre sur un filtre en papier et on prend la densité du liquide. En se reportant au tableau de Schultze Ostermann, on cherche à quelle quantité d'extrait correspond cette dentité, soit e cette quantité.

Il faut également connaitre l'humidité du malt et du grain cru.

Soit :

H humidité du grain cru.

h humidité du malt.

Le brassin se compose donc de :

$$400 \text{ gr. d'eau} + \text{H} + h \text{ d'humidité}$$

et de :

$$(25 \text{ gr. de malt} - h) + (25 \text{ gr. de grain} - \text{H})$$

En appliquant donc la formule ci-dessous, on aura le rendement total du malt et du grain sec.

$$R = \frac{\dfrac{e\left(400 + \dfrac{h}{2}\right)}{100 - e}}{100 - h} \times 2 \times 100$$

On obtient ainsi le rendement du malt et du grain à l'état sec. En retranchant de cette valeur le rendement 0/0 du malt sec, on trouve le rendement du grain cru sec 0/0.

CHAPITRE IV

Le malt.

Les essais seront faits au point de vue physique et
au point de vue chimique.

Les essais physiques porteront sur :

L'odeur ;

La saveur ;

La couleur ;

La propreté ;

Le poids à l'hectolitre, ou le poids de mille grains ;

La densité ;

L'état de l'amande ;

La longueur de la plumule.

L'examen chimique portera sur :

La siccité ;

Les cendres ;

L'acidité ;

Le rendement ;

L'azote totale du malt ;

Le pouvoir diastasique.

Analyse du moût.
{
Azote totale ;
Azote coagulable ;
Azote restant en solution à 100°
C° ;
Maltose et dextrine ;
L'acide phosphorique ;
La coloration du moût.
}

L'odeur. — Elle doit être franche, *sui generis*. Il peut y avoir une légère odeur d'acide sulfureux provenant de l'emploi de charbon pyriteux à la touraille, mais en aucun cas ; le malt ne doit sentir ni la fumée ni le moisi.

La saveur. — La saveur doit être sucrée et douce pour les malts pâles, un peu plus aromatique dans les malts foncés ; elle ne doit jamais être piquante.

La couleur. — La couleur du malt doit rappeler celle du grain qui a servi à sa préparation, elle doit être un

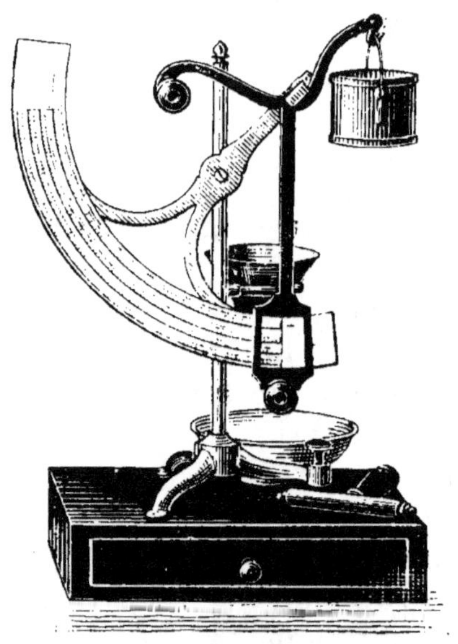

Fig. 33.

peu plus pâle, à moins que le touraillage ait été conduit de façon à obtenir des grains foncés genre munich.

Le poids à l'hectolitre. — On peut obtenir le poids à l'hectolitre en pesant par exemple un litre de malt et multipliant ce poids par 100. Il existe des appareils spéciaux très pratiques donnant directement le poids du malt à l'hectolitre. La figure **33** représente un de ces appareils.

Le malt est léger quand il pèse 48 à 52 kilos à l'hectolitre ; moyen quand ce poids est de 52 à 55 kilos et lourd s'il passe 55 kilos.

En général les malts légers étant mieux désagrégés donnent plus de rendement.

Le poids de mille grains. — On l'obtient en pesant par exemple 15 gr. de malt puis comptant le nombre de grains. Comme il serait fastidieux de compter les grains un par un, on a imaginé des appareils spéciaux consistant en petites planchettes creusées d'un certain nombre d'alvéoles. Pour compter les grains, il suffit de jeter le malt sur cette planchette, puis de passer à sa surface une petite règle pour éliminer l'excès de malt.

Chaque alvéole se trouve avoir contenu un grain de malt. En renouvelant l'opération trois ou quatre fois, il suffit de multiplier le nombre d'alvéoles par 3 ou 4 pour connaître le nombre de grains employés.

La densité. — On se contente généralement de faire l'épreuve à l'eau qui consiste à jeter une poignée de grains dans l'eau. Les grains bien désagrégés flottent à la surface de l'eau ; les grains lourds ou non germés tombent au fond de l'eau. Les grains incomplètement germés tiennent l'intermédiaire entre les grains lourds et les grains légers, de plus si le grain flotte verticalement, la pointe la plus lourde, en bas, indique le bout dur du grain.

Si on veut connaître la densité des grains lourds qui tombent au fond de l'eau, on procède comme suit.

Ces grains sont placés dans un vase rempli d'eau distillée à 15° C°. D'autre part on se prépare une solution saturée à froid de sel de cuisine. On fait couler en agitant bien, cette solution salée dans l'eau contenant le grain et ceci jusqu'à ce que le grain qui se trouve dans le fond du vase se maintienne dans la partie moyenne du vase.

A ce moment l'eau a la même densité que le malt. En prenant la densité de l'eau à l'aide d'un densimètre, on trouve la densité du malt.

L'état de l'amande. — L'amande doit être friable, farineuse, un grain écrasé entre les dents doit tomber en farine. Les grains durs ou vitreux représentent les grains mal séchés à la touraille ou les grains provenant d'orge défectueuse. On peut examiner l'amande du malt comme il a été dit page 57 au sujet de l'orge.

La longueur de la plumule. — La plumule doit être bien développée, elle doit atteindre les 3/4 ou les 4/5 de la longueur du grain. Elle ne doit pas dépasser le bout du grain opposé à la radicelle (hussards). Les grains sont dits germés longuement lorsque la plumule atteint les 4/5 du grain.

Ces grains sont bien désagrégés et les bouts durs sont réduits au minimum.

Analyse chimique du malt.

Le dosage de l'humidité.
Le dosage des cendres.
Le rendement en extrait.
Le pouvoir diastasique.
L'acidité.
Le dosage de la maltose et de la dextrine dans le moût.
Le dosage de l'azote total dans le malt.
Le dosage de l'azote total dans le moût.
Le dosage de l'azote coagulable à 100° C.

Le dosage de l'azote soluble à **100° C**e.

Le dosage de l'amidon dans le malt.

Le dosage de l'amidon dans la drêche.

Degré de coloration du moût.

Dosage de l'humidité. — On concasse finement 5 gr. de malt, on repèse exactement la mouture qu'on place dans une capsule en platine tarée, et on porte le tout, pendant deux heures consécutives à **100-110° C**e. Au bout de ce temps on pèse la capsule refroidie, puis on reporte à l'étuve encore une demi heure, on refait alors une nouvelle pesée. Si les poids de la première et de la seconde pesée coïncident, on note ce poids.

On calcule l'humidité de la façon suivante :

La tare de la capsule était de . . .	15 gr. 691
Le poids de malt mis à l'étuve était .	5 gr.
Soit un poids total de. . . .	20 gr. 691
La première pesée a été de. . . .	20 gr. 390
La deuxième a été de	20 gr. 390

Les 5 grammes de malt ont donc perdu

$$20 \text{ gr. } 691 - 20 \text{ gr. } 390 = 0 \text{ gr. } 301 \text{ d'eau.}$$

Si 5 gr. de malt contiennent 0 gr. 301 d'eau.

100 gr. de malt contiendront

$$\frac{0 \text{ gr. } 301 \times 100}{5} = 6 \text{ gr. } 02 \text{ d'eau.}$$

Dosage des cendres. — La capsule contenant le malt sec provenant du dosage de l'eau est calcinée sur un bec Bunsen, lorsque les grains sont transformés en une masse charbonneuse, on introduit la capsule dans le moufle d'un four à incinérer où l'incinération se continue. L'opération est terminée lorsque les cendres sont bien blanches et ne présentent plus de points noirs. On s'en assure en remuant la masse à l'aide d'un fil de platine.

On pèse alors la capsule contenant les cendres, Soit :

P le poids trouvé.

T la tare de la capsule.

P — T = les cendres sur 5 grammes.

Et :

$$\frac{(P - T) \times 100}{5} = \text{Les cendres } 0/0.$$

L'équation ci-dessus donne le poids des cendres de 100 grammes de malt humide. Si on représente par h l'humidité 0/0 du malt, on trouvera la proportion des cendres pour le malt sec en appliquant la formule ci-dessous.

$$\frac{\left[\dfrac{(P - T) \times 100}{5}\right] \times 100}{100 - h} = \text{Cendres } 0/0 \text{ de malt sec.}$$

Rendement du malt.

On pèse sur la roberval 50 gr. de malt à essayer, on concasse finement et on repèse exactement sur la balance de précision ou sur un bon trébuchet 50 gr. de farine qu'on introduit dans un des gobelets de l'appareil à saccharification.

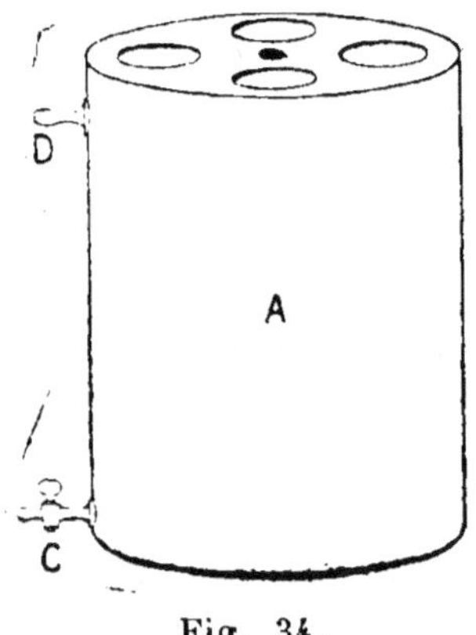

Fig. 34.

L'appareil à saccharification se compose d'une bassine A portant un couvercle percé de 4 trous dans lesquels viennent reposer 4 gobelets de cuivre pouvant contenir un demi-litre d'eau. Ces gobelets sont numérotés de façon à pouvoir mener de front 4 rendements. A la partie inférieure de la bassine se trouve un robinet C en relation avec une conduite d'eau. À la partie supérieure se trouve une tubulure D ou trop plein.

Au-dessus des gobelets se trouve un agitateur mécanique mû par une petite turbine hydraulique ou par tout autre moyen. Au centre du couvercle de la bassine se trouve un petit trou permettant de placer un thermomètre. La bassine repose sur un réchaud à gaz.

En somme l'appareil représente un bain-marie d'une forme spéciale. On peut employer comme agitateur des baguettes de verre, mais il est préférable d'employer pour cet usage des thermomètres gravés sur tige qui permettent de contrôler la température à chaque instant.

On introduit donc les 50 gr. de farine dans un des gobelets de l'appareil et on ajoute 200 cc. d'eau à 45° C°.

L'eau du bain-marie a été préalablement portée à 45° C. On met l'agitateur en marche et on maintient cette température pendant 30 minutes. Au bout de ce temps, on porte la température du brassin à 70° C en 25 minutes. On chauffe de telle façon que la température monte de 1° par minute. Au bout d'une demi-heure, on fait l'essai à l'iode de la façon suivante :

Sur une assiette légèrement grasse, on dépose des gouttes de réactif iodo- ioduré et à côté on dépose une goutte de chacun des petits brassins et on note ce qui se passe au point de contact des deux liquides.

Une teinte bleue indiquerait que le brassin contiendrait encore de l'amidon, une teinte rouge indiquerait la présence de dextrines inférieures et une teinte violette indiquerait un mélange des deux corps ci-dessus. On arrête le brassin dès que la coloration à l'iode n'a plus lieu. On renouvelle l'essai à l'iode de 5 minutes en 5 minutes et on représente par un chiffre qui est un multiple de 5 minutes la durée de la saccharification.

Lorsque la saccharification est terminée on ajoute 200 cc. d'eau dans chaque gobelet, on éteint le gaz sous le bain-marie, et on fait arriver de l'eau froide par le robinet inférieur, l'eau chaude s'échappe par la tubulure supérieure.

On continue l'opération jusqu'à ce que la température soit tombée à 15° C à ce moment, on retire les gobelets, on les essuie soigneusement et sur une balance sensible, on porte le poids du brassin à 450 gr., tare des gobelets non comprise.

On agite le contenu des gobelets et on filtre le tout sur des filtres non mouillés. Les liquides s'écoulent dans des éprouvettes numérotées correspondant aux gobelets.

Après filtration, on remue à nouveau et on prend la densité du moût de différentes façons, mais dans tous les cas, il faut toujours que la température soit de 15° C. On peut opérer avec un bon densimètre de la façon connue, ou avec un saccharimètre, celui de Balling qui donne alors directement l'extrait contenu dans 100 grammes de liquide. Généralement le saccharimètre Balling est muni d'un thermomètre correcteur. Pour ne pas subir de correction avec cet appareil le liquide doit avoir 17°5 C ou 14° R.

Fig. 35.

On peut également se servir du pygnomètre qui consiste en un petit ballon à col très étroit (fig. 35).

On y introduit un volume connu de moût à 15° et on pèse à la balance d'analyse, on en déduit la densité du liquide.

Il est à noter qu'avec le temps les pygnomètres varient de volume. On peut donc commettre des erreurs.

La balance de Westphal dont le maniement est très simple est très recommandable.

Elle consiste essentiellement en un pied à coulisse permettant de monter ou baisser l'appareil. Sur ce pied repose un fléau dont un bras est divisé en 10 parties égales. La division 10 se trouve être exactement au-des-

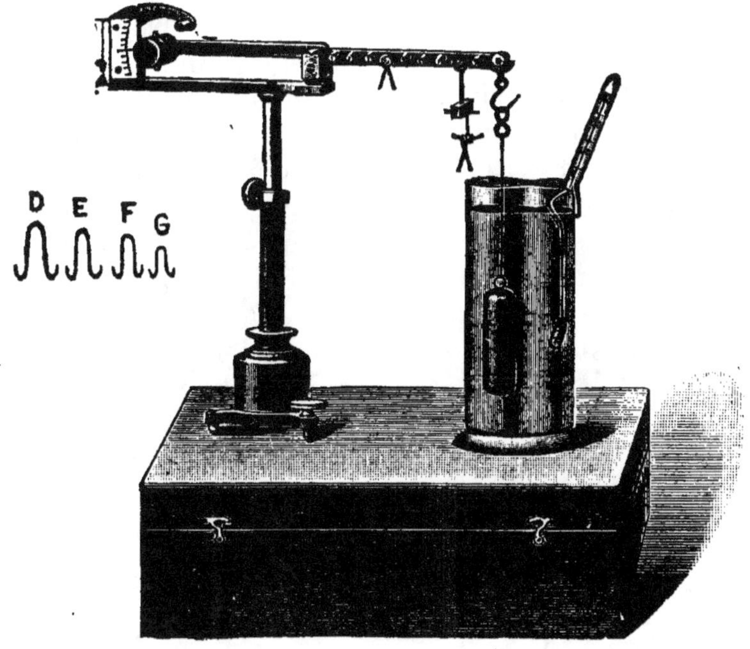

Fig. 36.

sus du crochet auquel on peut suspendre un petit flot-teur en verre contenant un thermomètre, ce flotteur est attaché à la balance par un fil de platine.

Un poids équilibre le flotteur suspendu au crochet. Une série de cavaliers complète l'appareil.

Si l'on plonge le flotteur dans l'eau distillée à 15°

centig. l'équilibre est rompu et pour le rétablir, il faut accrocher en la marque 10, le grand cavalier. Ce cavalier mis à l'encoche 10 indique donc 1.000, la densité de l'eau. Dans la recherche des densités des moûts on l'écrit 1. Le poids E est le dixième de D, le poids F est le 1/10 de E ou le 1/100 de D, le poids G est le 1/10 de F ou le 1/100 de E ou le 1/1000 de D.

On devine alors le fonctionnement de la balance. On introduit le moût tempéré à 15° C. dans l'éprouvette et on y descend le flotteur de façon qu'il plonge dans le liquide, de la profondeur de la torsade en fil de platine. On rétablit l'équilibre en accrochant d'abord le poids à l'encoche 10, puis le crochet est placé successivement dans les encoches 1, 2, 3, etc. jusqu'à équilibre parfait, si, arrivé dans l'encoche 10, le poids ne suffit pas, on le laisse à la manque 10, puis prenant le poids F, on recommence la même opération et si l'équilibre n'est pas encore obtenu, on opère de la même façon avec le poids G. Avec un peu d'habitude cette manipulation est très rapide.

Dans tous les cas, il faut opérer avec une éprouvette un peu large pour éviter que le flotteur ne touche aux parois.

Pour fixer les idées, je suppose les poids :

$$D \text{ dans l'encoche } 10$$
$$E \qquad \text{»} \qquad 4$$
$$F \qquad \text{»} \qquad 2$$
$$G \qquad \text{»} \qquad 8$$

La densité du liquide sera :

$$1{,}428$$

Autre exemple :

$$D \text{ trop lourd } 0$$
$$E \text{ dans l'encoche } 9$$
$$F \text{ trop lourd } 0$$
$$G \text{ dans l'encoche } 7$$

La densité du liquide sera :

$$0{,}907$$

La densité du moût étant comme on calcule le rendement de la façon suivante :

Soit :

R, le rendement pour cent dans le malt

e, la quantité d'extrait pour cent dans le moût donné par la table Schultze

h, l'humidité.

$$R = \frac{e\left(400 + \frac{h}{2}\right)}{100 - e} \times 2$$

La formule ci-dessus donne le rendement en extrait dans le malt humide.

Pour obtenir le rendement sec, on applique la formule ci-dessous :

$$\text{Rendement sec} = \frac{R \times 100}{100 - h}.$$

Table de Schultze.

Quand 1 cmc. de moût clair à 15°C pèse	La quantité d'extrait dans 100 gr. de ce moût est de	La quantité d'extrait dans 100 cmc. de ce moût est de	Quand 1 cmc. de moût clair à 15°C pèse	La quantité d'extrait dans 100 gr. de ce moût est de	La quantité d'extrait dans 100 cmc. de ce moût est de
gr.	gr.	gr.	gr.	gr.	gr.
1.0000	0.00	0.00	1.0040	1.05	1.05
1.0001	0.03	0 03	1.0041	1 08	1.08
1.0002	0.05	0.05	1.0042	1.10	1.10
1.0003	0.08	0.08	1.0043	1.13	1.13
1.0004	0 10	0.10	1 0044	1.15	1.16
1.0005	0.13	0.13	1.0045	1.18	1.19
1.0006	0.16	0.16	1.0046	1.21	1.22
1.0007	0.18	0.18	1.0047	1.23	1.24
1.0008	0.21	0.21	1.0048	1.26	1.27
1.0009	0.24	0.24	1.0049	1.29	1.30
1 0010	0.26	0.26	1 0050	1.31	1.32
1.0011	0.29	0.29	1.0051	1.34	1.35
1.0012	0.31	0.31	1.0052	1.36	1.37
1.0013	0.34	0.34	1.0053	1.39	1.40
1.0014	0.37	0.37	1.0054	1.41	1.42
1.0015	0.39	0.39	1.0055	1.44	1.45
1 0016	0.42	0.42	1.0056	1.46	1.47
1.0017	0.45	0.45	1.0057	1.49	1.50
1.0018	0.47	0.47	1.0058	1.51	1.52
1.0019	0 50	0.50	1.0059	1.54	1.55
1.0020	0.52	0.52	1.0060	1.56	1.57
1.0021	0.55	0.55	1.0061	1.59	1.60
1.0022	0.58	0.58	1.0062	1.62	1.63
1.0023	0.60	0.60	1.0063	1.64	1.65
1.0024	0.63	0.63	1.0064	1.67	1.68
1.0025	0.66	0.66	1 0065	1.69	1.70
1.0026	0.68	0.68	1.0066	1.72	1.73
1.0027	0.71	0.71	1.0067	1.74	1.75
1.0028	0.73	0.73	1.0068	1.77	1.78
1.0029	0.76	0.76	1.0069	1.79	1.80
1.0030	0.79	0.79	1.0070	1.82	1 83
1.0031	0.81	0.81	1.0071	1.84	1 85
1.0032	0.84	0.84	1.0072	1.87	1.88
1.0033	0.87	0.87	1.0073	1.90	1.91
1.0034	0.89	0.89	1.0074	1.92	1.93
1.0035	0.92	0.92	1.0075	1.95	1.96
1.0036	0.94	0.94	1.0076	1.97	1.98
1.0037	0.97	0.97	1 0077	2.00	2.02
1.0038	1.00	1.00	1.0078	2.02	2.04
1.0039	1.02	1 02	1.0079	2.05	2.07

Quand 1 cmc. de moût clair à 15°C pèse	La quantité d'extrait dans 100 gr. de ce moût est de	100 cmc. de ce moût est de	Quand 1 cmc. de moût clair à 15°C pèse	La quantité d'extrait dans 100 gr. de ce moût est de	100 cmc. de ce moût est de
gr.	gr.	gr.	gr.	gr.	gr.
1.0080	2.07	2.09	1.0122	3.15	3.19
1.0081	2.10	2.12	1.0123	3.17	3.21
1.0082	2.12	2.14	1.0124	3.20	3.24
1.0083	2.15	2.17	1.0125	3.23	3.27
1.0084	2.17	2.19	1.0126	3.25	3.29
1.0085	2.20	2.22	1.0127	3.28	3.32
1.0086	2.23	2.25	1.0128	3.30	3.34
1.0087	2.25	2.27	1.0129	3.33	3.37
1.0088	2.28	2.30	1.0130	3.35	3.39
1.0089	2.30	2.32	1.0131	3.38	3.42
1.0090	2.33	2.35	1.0132	3.41	3.46
1.0091	2.35	2.37	1.0133	3.43	3.48
1.0092	2.38	2.40	1.0134	3.46	3.51
1.0093	2.41	2.43	1.0135	3.48	3.53
1.0094	2.43	2.45	1.0136	3.51	3.56
1.0095	2.46	2.48	1.0137	3.54	3.59
1.0096	2.48	2.50	1.0138	3.56	3.61
1.0097	2.51	2.53	1.0139	3.59	3.64
1.0098	2.53	2.55	1.0140	3.61	3.66
1.0099	2.56	2.59	1.0141	3.64	3.69
1.0100	2.58	2.61	1.0142	3.66	3.71
1.0101	2.61	2.64	1.0143	3.69	3.74
1.0102	2.64	2.67	1.0144	3.72	3.77
1.0103	2.66	2.69	1.0145	3.74	3.79
1.0104	2.69	2.72	1.0146	3.77	3.83
1.0105	2.71	2.74	1.0147	3.79	3.85
1.0106	2.74	2.77	1.0148	3.82	3.88
1.0107	2.76	2.79	1.0149	3.85	3.91
1.0108	2.79	2.82	1.0150	3.87	3.93
1.0109	2.82	2.85	1.0151	3.90	3.96
1.0110	2.84	2.87	1.0152	3.92	3.98
1.0111	2.87	2.90	1.0153	3.95	4.01
1.0112	2.89	2.92	1.0154	3.97	4.03
1.0113	2.92	2.95	1.0155	4.00	4.06
1.0114	2.94	2.97	1.0156	4.03	4.09
1.0115	2.97	3.00	1.0157	4.05	4.11
1.0116	2.99	3.02	1.0158	4.08	4.14
1.0117	3.02	3.06	1.0159	4.10	4.17
1.0118	3.05	3.09	1.0160	4.13	4.20
1.0119	3.07	3.11	1.0161	4.16	4.23
1.0120	3.10	3.14	1.0162	4.18	4.25
1.0121	3.12	3.16	1.0163	4.21	4.28

Quand 1 cmc. de moût clair à 15°C pèse	La quantité d'extrait dans 100 gr. de ce moût est de	La quantité d'extrait dans 100 cmc. de ce moût est de	Quand 1 cmc. de moût clair à 15°C pèse	La quantité d'extrait dans 100 gr. de ce moût est de	La quantité d'extrait dans 100 cmc. de ce moût est de
gr.	gr.	gr.	gr.	gr.	gr.
1.0164	4.23	4.30	1.0206	5.35	5.46
1.0165	4.26	4.33	1.0207	5.38	5.49
1.0166	4.28	4.35	1.0208	5.40	5.51
1.0167	4.31	4.38	1.0209	5.43	5.54
1.0168	4.34	4.41	1.0210	5.45	5.56
1.0169	4.36	4 43	1.0211	5.48	5.60
1.0170	4.39	4.46	1.0212	5.50	5.62
1.0171	4.42	4.50	1.0213	5.53	5.65
1.0172	4.44	4.52	1.0214	5.55	5.67
1.0173	4.47	4.55	1.0215	5.57	5.69
1.0174	4.50	4.58	1.0216	5.60	5.72
1.0175	4.53	4.61	1.0217	5.62	5.74
1.0176	4.55	4.63	1.0218	5.65	5.77
1.0177	4.58	4.66	1.0219	5.67	5.79
1.0178	4.61	4.69	1.0220	5.70	5.83
1.0179	4.63	4.71	1.0221	5.72	5.85
1.0180	4.66	4.74	1.0222	5.75	5.88
1.0181	4.69	4.77	1.0223	5.77	5.90
1.0182	4.71	4.80	1.0224	5.80	5.93
1.0183	4.74	4.83	1.0225	5.82	5.95
1.0184	4.77	4.86	1.0226	5.84	5.97
1.0185	4.79	4.88	1.0227	5.87	6.00
1.0186	4.82	4.91	1.0228	5.89	6.02
1.0187	4.85	4.94	1.0229	5.92	6.06
1.0188	4.88	4.97	1.0230	5.94	6.08
1.0189	4.90	4.99	1.0231	5.97	6.11
1.0190	4.93	5.02	1.0232	5.99	6.13
1.0191	4.96	5.05	1.0233	6.02	6.16
1.0192	4.98	5.08	1.0234	6.04	6.18
1.0193	5.01	5.11	1.0235	6.07	6.21
1.0194	5.04	5.14	1.0236	6.09	6.23
1.0195	5.06	5.16	1.0237	6.11	6.25
1.0196	5.09	5.19	1.0238	6.14	6.29
1.0197	5.12	5.22	1.0239	6.16	6.31
1.0198	5.15	5.25	1.0240	6.19	6.34
1.0199	5.17	5.27	1.0241	6.21	6.36
1.0200	5.20	5.30	1.0242	6.24	6.39
1.0201	5.23	5.34	1.0243	6.26	6.41
1.0202	5.25	5.36	1.0244	6.29	6.44
1.0203	5.28	5.39	1.0245	6.31	6.46
1.0204	5.30	5.41	1.0246	6.34	6.50
1.0205	5.33	5.44	1.0247	6.36	6.52

Quand 1 cmc. de moût clair à 15°C pèse	La quantité d'extrait dans 100 gr. | 100 cmc. de ce moût est de		Quand 1 cmc. de moût clair à 15°C pèse	La quantité d'extrait dans 100 gr. | 100 cmc. de ce moût est de	
gr.	gr.	gr.	gr.	gr.	gr.
1.0248	6.39	6.55	1.0290	7.48	7.70
1.0249	6.41	6.57	1.0291	7.51	7.73
1.0250	6.44	6.60	1.0292	7.53	7.75
1.0251	6.47	6.63	1.0293	7.55	7.77
1.0252	6.50	6 66	1.0294	7.57	7 79
1.0253	6.52	6.68	1.0295	7.60	7.82
1.0254	6.55	6.72	1.0296	7.62	7.85
1.0255	6.58	6.75	1.0297	7.64	7.87
1.0256	6.61	6.78	1.0298	7.66	7.89
1.0257	6.63	6 80	1.0299	7.69	7.92
1.0258	6.66	6.83	1.0300	7.71	7.94
1.0259	6.69	6.86	1.0301	7.73	7.96
1.0260	6.71	6.88	1.0302	7.75	7.98
1.0261	6.74	6.92	1.0303	7.77	8.01
1.0262	6.77	6.95	1.0304	7.80	8.04
1.0263	6.80	6.98	1.0305	7.82	8.06
1.0264	6.82	7.00	1.0306	7.84	8.08
1.0265	6.85	7.03	1.0307	7.86	8.10
1.0266	6.88	7.06	1.0308	7.89	8.13
1.0267	6.91	7.09	1.0309	7.91	8.15
1.0268	6.93	7.12	1.0310	7.93	8.18
1.0269	6.96	7.15	1.0311	7.95	8.20
1.0270	6.99	7.18	1.0312	7.98	8.23
1.0271	7.01	7.20	1.0313	8.00	8.25
1.0272	7.04	7.23	1.0314	8.02	8.27
1.0273	7.07	7.26	1.0315	8.04	8.29
1.0274	7.10	7.29	1.0316	8.07	8.33
1.0275	7.12	7.32	1.0317	8.09	8.35
1.0276	7.15	7.35	1.0318	8.11	8.37
1.0277	7.18	7.38	1.0319	8.13	8.39
1.0278	7.21	7.41	1.0320	8.16	8.42
1.0279	7.23	7.43	1.0321	8.18	8.44
1.0280	7.26	7.46	1.0322	8.20	8.46
1.0281	7.28	7.48	1.0323	8.22	8.49
1.0282	7.30	7.51	1.0324	8.25	8.52
1.0283	7.33	7.54	1.0325	8.27	8.54
1.0284	7.35	7.56	1.0326	8.29	8.56
1.0285	7.37	7.58	1.0327	8.32	8.59
1.0286	7.39	7.60	1.0328	8.34	8.61
1.0287	7.42	7.63	1.0329	8.37	8.65
1.0288	7.44	7.65	1.0330	8.40	8.68
1.0289	7.46	7.68	1.0331	8.43	8.71

Quand 1 cmc. de moût clair à 15°C pèse	La quantité d'extrait dans 100 gr. de ce moût est de	La quantité d'extrait dans 100 cmc. de ce moût est de	Quand 1 cmc. de moût clair à 15°C pèse	La quantité d'extrait dans 100 gr. de ce moût est de	La quantité d'extrait dans 100 cmc. de ce moût est de
gr.	gr.	gr.	gr.	gr.	gr.
1.0332	8.45	8.73	1.0374	9.55	9.91
1.0333	8.48	8.76	1.0375	9.57	9.93
1.0334	8.51	8.79	1.0376	9.59	9.95
1.0335	8.53	8.82	1.0377	9.62	9.98
1.0336	8.56	8.85	1.0378	9.64	10.00
1.0337	8.59	8.88	1.0379	9.66	10.03
1.0338	8.61	8.90	1.0380	9.69	10.06
1.0339	8.64	8.93	1.0381	9.71	10.08
1.0340	8.67	8.96	1.0382	9.73	10.10
1.0341	8.70	9.00	1.0383	9.76	10.13
1.0342	8.72	9.02	1.0384	9.78	10.16
1.0343	8.75	9.05	1.0385	9.81	10.19
1.0344	8.78	9.08	1.0386	9.83	10.21
1.0345	8.80	9.10	1.0387	9.85	10.23
1.0346	8.83	9.14	1.0388	9.88	10.26
1.0347	8.86	9.17	1.0389	9.90	10.29
1.0348	8.88	9.19	1.0390	9.92	10.31
1.0349	8.91	9.22	1.0391	9.95	10.34
1.0350	8.94	9.25	1.0392	9.97	10.36
1.0351	8.97	9.28	1.0393	9.99	10.38
1.0352	8.99	9.31	1.0394	10.02	10.41
1.0353	9.02	9.34	1.0395	10.04	10.44
1.0354	9.05	9.37	1.0396	10.06	10.46
1.0355	9.07	9.39	1.0397	10.09	10.49
1.0356	9.10	9.42	1.0398	10.11	10.51
1.0357	9.13	9.46	1.0399	10.13	10.53
1.0358	9.15	9.48	1.0400	10.16	10 57
1.0359	9.18	9.51	1.0401	10.18	10.59
1.0360	9.21	9.54	1.0402	10.20	10.61
1.0361	9.24	9.57	1.0403	10 23	10.64
1.0362	9.26	9.60	1.0404	10.25	10.66
1.0363	9.29	9.63	1.0405	10.27	10.69
1.0364	9.31	9.65	1.0406	10.30	10.72
1.0365	9.34	9.68	1.0407	10.32	10.74
1.0366	9.36	9.70	1.0408	10.35	10.77
1.0367	9.38	9.72	1.0409	10.37	10.79
1.0368	9.41	9.76	1.0410	10.40	10.83
1.0369	9.43	9.78	1.0411	10.42	10.85
1.0370	9.45	9.80	1.0412	10.45	10.88
1.0371	9.48	9.83	1.0413	10.47	10.90
1.0372	9.50	9.85	1.0414	10.50	10.93
1.0373	9.52	9.88	1.0415	10.52	10.96

Quand 1 cmc. de moût clair à 15°C pèse	La quantité d'extrait dans 100 gr. de ce moût est de	La quantité d'extrait dans 100 cmc. de ce moût est de	Quand 1 cmc. le moût clair à 15°C pèse	La quantité d'extrait dans 100 gr. de ce moût est de	La quantité d'extrait dans 100 cmc. de ce moût est de
gr.	gr.	gr.	gr.	gr.	gr.
1.0416	10.55	11.99	1.0458	11.60	12.13
1.0417	10.57	11.01	1.0459	11.62	12.15
1.0418	10.60	11.04	1.0460	11.65	12.19
1.0419	10.62	11.06	1.0461	11.67	12.21
1.0420	10.65	11.10	1.0462	11.70	12.24
1.0421	10.67	11.12	1.0463	11.72	12.26
1.0422	10.70	11.15	1.0464	11.75	12.30
1.0423	10.72	11.17	1.0465	11.77	12.32
1.0424	10.75	11 21	1.0466	11.79	12.34
1.0425	10.77	11.23	1.0467	11.82	12.37
1.0426	10.80	11.26	1.0468	11.84	12.39
1.0427	10.82	11.28	1.0469	11.87	12.43
1.04 8	10.85	11.31	1.0470	11.89	12.45
1.0429	10.88	11.35	1.0471	11.92	12.48
1 0430	10.90	11.37	1.0472	11.94	12.50
1.0431	10.93	11.40	1.0473	11.97	12.54
1.0432	10.95	11.42	1.0474	11.99	12.56
1.0433	10.98	11.46	1.0475	12.01	12.58
1.0434	11.00	11.48	1.0476	12.04	12.61
1.0435	11.03	11.51	1.0477	12.06	12.64
1.0436	11.05	11.53	1.0478	12.09	12.67
1.0437	11.08	11.56	1.0479	12.11	12.69
1.0438	11.10	11.59	1.0480	12.14	12.72
1.0439	11.13	11.62	1.0481	12.16	12.74
1.0440	11.15	11.64	1.0482	12.19	12.78
1.0441	11.18	11.67	1.0483	12.21	12.80
1 0442	11.20	11.70	1.0484	12.23	12.82
1.0443	11.23	11.73	1.0485	12.26	12.85
1.0444	11.25	11.75	1.0486	12 28	12.88
1.0445	11.28	11.78	1.0487	12.31	12.91
1.0446	11.30	11.80	1.0488	12.33	12.93
1.0447	11.33	11.84	1.0489	12.36	12.96
1.0448	11.35	11.86	1.0490	12.38	12.99
1.0449	11.38	11.89	1.0491	12.41	13.02
1.0450	11.40	11.91	1.0492	12.43	13.04
1.0451	11.43	11.95	1.0493	12.45	13.06
1.0452	11 45	11.97	1.0494	12.48	13.10
1.0453	11.48	12.00	1.0495	12.50	13.12
1.0454	11.50	12.02	1.0496	12.53	13.15
1.0455	11.53	12.05	1.0497	12.55	13.17
1.0456	11.55	12.08	1.0498	12.58	13.21
1.0457	11.57	12.10	1.0499	12.60	13.23

Quand 1 cmc. de moût clair à 15°C pèse	La quantité d'extrait dans 100 gr. | 100 cmc. de ce moût est de		Quand 1 cmc. de moût clair à 15°C pèse	La quantité d'extrait dans 100 gr. | 100 cmc. de ce moût est de	
gr.	gr.	gr.	gr.	gr.	gr.
1.0500	12.63	13.26	1.0542	13.66	14.40
1.0501	12.65	13.28	1.0543	13.68	14.42
1.0502	12.67	13.31	1.0544	13.71	14.46
1.0503	12.70	13.34	1.0545	13.73	14.48
1.0504	12.72	13.36	1.0546	13.76	14.51
1.0505	12.75	13.39	1.0547	13.78	14.43
1.0506	12.77	13.42	1.0548	13.81	14.57
1.0507	12.80	13.45	1.0549	13.83	14.59
1.0508	12.82	13.47	1.0550	13.86	14.62
1.0509	12.85	13.50	1.0551	13.88	14.64
1.0510	12.87	13.53	1.0552	13.91	14.68
1.0511	12.90	13.56	1.0553	13.93	14.70
1.0512	12.92	13.58	1.0554	13.96	14.73
1.0513	12.94	13.60	1.0555	13.98	14.76
1.0514	12.97	13.64	1.0556	14.01	14.79
1.0515	12.99	13.66	1.0557	14.03	14.81
1.0516	13.02	13.69	1.0558	14.06	14.84
1.0517	13.04	13.71	1.0559	14.08	14.87
1.0518	13.07	13.75	1.0560	14.11	14.90
1.0519	13.09	13.77	1.0561	14.13	14.92
1.0520	13.12	13.80	1.0562	14.16	14.96
1.0521	13.14	13.82	1.0563	14.18	14.98
1.0522	13.16	13.85	1.0564	14.21	15.01
1.0523	13.19	13.88	1.0565	14.23	15.03
1.0524	13.21	13.90	1.0566	14.26	15.07
1.0525	13.24	13.94	1.0567	14.28	15.09
1.0526	13.26	13.96	1.0568	14.31	15.12
1.0527	13.29	13.99	1.0569	14.33	15.15
1.0528	13.31	14.01	1.0570	14.36	15.18
1.0529	13.34	14.05	1.0571	14.38	15.20
1.0530	13.36	14.07	1.0572	14.41	15.23
1.0531	13.38	14.09	1.0573	14.44	15.27
1.0532	13.41	14.12	1.0574	14.46	15.29
1.0533	13.43	14.15	1.0575	14.49	15.32
1.0534	13.46	14.18	1.0576	14.52	15.36
1.0535	13.48	14.20	1.0577	14.54	15.38
1.0536	13.51	14.23	1.0578	14.57	15.41
1.0537	13.53	14.26	1.0579	14.59	15.43
1.0538	13.56	14.29	1.0580	14.62	15.47
1.0539	13.58	14.31	1.0581	14.65	15.50
1.0540	13.61	14.34	1.0582	14.67	15.52
1.0541	13.63	14.37	1.0583	14.70	15.56

Quand 1 cmc. de moût clair à 15°C pèse	La quantité d'extrait dans 100 gr.	100 cmc. de ce moût est de		Quand 1 cmc. de moût clair à 15°C pèse	La quantité d'extrait dans 100 gr.	100 cmc. de ce moût est de	
gr.	gr.	gr.	gr.	gr.	gr.
1.0584	14.73	15.59	1.0626	15.72	16.70
1.0585	14.75	15.61	1.0627	15.74	16.73
1.0586	14.78	15.65	1.0628	15.76	16.75
1.0587	14.81	15.68	1.0629	15.78	16.77
1.0588	14.83	15.70	1.0630	15.80	16.80
1.0589	14.86	15.74	1.0631	15.83	16.83
1.0590	14.89	15.77	1.0632	15.85	16.85
1.0591	14.91	15.79	1.0633	15.87	16.87
1.0592	14.94	15.82	1.0634	15.89	16.90
1.0593	14.96	15.85	1.0635	15.92	16.93
1.0594	14.99	15.88	1.0636	15.94	16.95
1.0595	15.02	15.91	1.0637	15.96	16.98
1.0596	15.04	15.94	1.0638	15.98	17.00
1.0597	15.07	15.97	1.0639	16.01	17.03
1.0598	15.09	15.99	1.0640	16.03	17.06
1.0599	15.11	16.02	1.0641	16.05	17.08
1.0600	15.14	16.05	1.0642	16.07	17.10
1.0601	15.16	16.07	1.0643	16.09	17.12
1.0602	15.18	16.09	1.0644	16.12	17.16
1.0603	15.20	16.12	1.0645	16.14	17.18
1.0604	15.23	16.15	1.0646	16.16	17.20
1.0605	15.25	16.17	1.0647	16.18	17.23
1.0606	15.27	16.20	1.0648	16.21	17.26
1.0607	15.29	16.22	1.0649	16.23	17.28
1.0608	15.31	16.24	1.0650	16.25	17.31
1.0609	15.34	16.27	1.0651	16.27	17.33
1.0610	15.36	16.30	1.0652	16.30	17.36
1.0611	15.38	16.32	1.0653	16.32	17.39
1.0612	15.40	16.34	1.0654	16.35	17.42
1.0613	15.43	16.38	1.0655	16.37	17.44
1.0614	15.45	16.40	1.0656	16.40	17.48
1.0615	15.47	16.42	1.0657	16.42	17.50
1.0616	15.49	16.44	1.0658	16.45	17.53
1.0617	15.52	16.48	1.0659	16.47	17.56
1.0618	15.54	16.50	1.0660	16.50	17.59
1.0619	15.56	16.52	1.0661	16.52	17.61
1.0620	15.58	16.55	1.0662	16.54	17.63
1.0621	15.60	16.57	1.0663	16.57	17.67
1.0622	15.63	16.60	1.0664	16.59	17.69
1.0623	15.65	16.62	1.0665	16.62	17.73
1.0624	15.67	16.64	1.0666	16.64	17.75
1.0625	15.69	16.66	1.0667	16.67	17.78

Quand 1 cmc. de moût clair à 15°C pèse	La quantité d'extrait dans 100 gr. de ce moût est de	100 cmc. de ce moût est de	Quand 1 cmc. de moût clair à 15°C pèse	La quantité d'extrait dans 100 gr. de ce moût est de	100 cmc. de ce moût est de
gr.	gr.	gr.	gr.	gr.	gr.
1.0668	16.69	17.80	1.0710	17.70	18.96
1.0669	16.72	17.84	1.0711	17.72	18.98
1.0670	16.74	17.86	1.0712	17.75	19.01
1.0671	16.76	17.88	1.0713	17.77	19.04
1.0672	16.79	17.92	1.0714	17.79	19.06
1.0673	16.81	17.94	1.0715	17.81	19.08
1.0674	16.84	17 98	1.0716	17.84	19.12
1.0675	16.86	18.00	1.0717	17.86	19.14
1.0676	16.89	18.03	1.0718	17 88	19 16
1.0677	16.91	18.05	1.0719	17.90	19.19
1.0678	16.94	18 09	1.0720	17.93	19.22
1.0679	16.96	18.11	1.0721	17.95	19.24
1.0680	16.99	18.15	1.0722	17.97	19.27
1.0681	17.01	18.17	1.0723	17.99	19.29
1.0682	17.03	18 19	1.0724	18.02	19.32
1.0683	17.06	18.23	1.0725	18.04	19.35
1.0684	17.08	18.25	1.0726	18.06	19.37
1.0685	17.11	18.28	1.0727	18.08	19.39
1.0686	17.13	18.31	1.0728	18.11	19.43
1.0687	17.16	18.34	1.0729	18.13	19.45
1.0688	17.18	18.38	1.0730	18.15	19.47
1.0689	17.21	18.40	1.0731	18.17	19.50
1.0690	17.23	18.42	1.0732	18.20	19.53
1.0691	17.25	18.44	1.0733	18.22	19.55
1.0692	17.28	18.48	1.0734	18.24	19.58
1.0693	17.30	18 50	1.0735	18.26	19.60
1.0694	17.33	18.53	1.0736	18.29	19.64
1.0695	17.35	18.56	1.0737	18.31	19.66
1.0696	17.38	18.59	1.0738	18 33	19.68
1.0697	17.40	18.61	1.0739	18.35	19.71
1.0698	17.43	18.65	1.0740	18.38	19.74
1.0699	17.45	18.67	1.0741	18.40	19.76
1.0700	17.48	18.70	1.0742	18.42	19.79
1.0701	17.50	18.73	1.0743	18.44	19.81
1.0702	17.52	18.75	1.0744	18.47	19.84
1.0703	17.54	18.77	1.0745	18.49	19.87
1.0704	17.57	18.81	1.0746	18.51	19.89
1.0705	17.59	18.83	1.0747	18.53	19.91
1.0706	17.61	18.85	1.0748	18 55	19.94
1.0707	17.63	18.88	1.0749	18.57	19.96
1.0708	17.66	18.91	1.0750	18.59	19.98
1.0709	17.68	18.93	1.0751	18.62	20.02

Quand 1 cmc. de moût clair à 15°C pèse	La quantité d'extrait dans		Quand 1 cmc. de moût clair à 15°C pèse	La quantité d'extrait dans	
	100 gr. | 100 cmc. de ce moût est de			100 gr. | 100 cmc. de ce moût est de	
gr.	gr.	gr.	gr.	gr.	gr.
1.0752	18.64	20.04	1.0791	19.46	21.00
1.0753	18.66	20.07	1.0792	19.49	21.03
1.0754	18.68	20.09	1.0793	19.51	21.06
1.0755	18.70	20.11	1.0794	19.53	21.08
1.0756	18.72	20.14	1.0795	19.56	21.10
1.0757	18.74	20.16	1.0796	19.58	21.14
1.0758	18.76	20.18	1.0797	19.60	21.16
1.0759	18.78	20.21	1.0798	19.63	21.20
1.0760	18.81	20.24	1.0799	19.65	21.22
1.0761	18.83	20.26	1.0800	19.67	21.24
1.0762	18.85	20.29	1.0801	19.70	21.28
1.0763	18.87	20.31	1.0802	19.72	21.30
1.0764	18.89	20.33	1.0803	19.74	21.33
1.0765	18.91	20.36	1.0804	19.77	21.36
1.0766	18.93	20.38	1.0805	19.79	21.38
1.0767	18.95	20.40	1.0806	19.81	21.41
1.0768	18.97	20.43	1.0807	19.84	21.43
1.0769	19.00	20.46	1.0808	19.86	21.46
1.0770	19.02	20.48	1.0809	19.88	21.49
1.0771	19.04	20.51	1.0810	19.91	21.52
1.0772	19.06	20.53	1.0811	19.93	21.55
1.0773	19.08	20.55	1.0812	19.96	21.58
1.0774	19.10	20.58	1.0813	19.98	21.60
1.0775	19.12	20.60	1.0814	20.00	21.63
1.0776	19.14	20.63	1.0815	20.03	21.66
1.0777	19.17	20.66	1.0816	20.05	21.69
1.0778	19.19	20.68	1.0817	20.07	21.71
1.0779	19.21	20.71	1.0818	20.10	21.74
1.0780	19.23	20.73	1.0819	20.12	21.77
1.0781	19.25	20.75	1.0820	20.14	21.79
1.0782	19.27	20.78	1.0821	20.17	21.83
1.0783	19.29	20.80	1.0822	20.19	21.85
1.0784	19.31	20.82	1.0823	20.21	21.87
1.0785	19.33	20.85	1.0824	20.24	21.91
1.0786	19.36	20.88	1.0825	20.26	21.92
1.0787	19.38	20.90	1.0826	20.28	21.96
1.0788	19.40	20.93	1.0827	20.31	21.99
1.0789	19.42	20.95	1.0828	20.33	22.01
1.0790	19.44	20.98			

Dosage de l'acidité.

On pèse exactement 100 gr. de malt finement pulvérisé qu'on introduit dans un Becherglass avec 100 cc. d'eau distillée bien neutre. On laisse macérer quatre heures en agitant fréquemment.

Au bout de ce temps on filtre et dans le liquide clair on dose l'acidité avec la soude normale 1/10 en présence du phénolphtaléique.

On exprime généralement l'acidité en acide lactique en se basant sur ce que 1 cc. de soude normale 1/10 égale 0 gr. 09 d'acide lactique.

On ramène l'acidité au pour cent de malt sec.

L'acidité du malt ne doit pas dépasser 1 gr. 8 d'acide lactique pour cent de malt.

Dosage du maltose et de la dextrine dans le moût.

Dans la recherche de l'extrait on a obtenu une certaine quantité de maltose et de dextrine. En suivant à la lettre la marche de la température dans la saccharification du malt, les quantités de maltose et de dextrine seront proportionnelles à la richesse diastasique du malt considéré. Il peut donc être utile de faire le dosage de ces corps. On y procède de la façon suivante :

Maltose. — On peut doser le maltose par titration avec la liqueur de Fehling comme il a été dit (page 63), ou par pesée par la méthode de Soxhlet ou par la méthode optique. Par la méthode volumétrique, il faut se rappeler que 10 cc. de liqueur cuivrique égalent 0 gr. 075 de maltose. La méthode de Soxhlet consiste à faire bouillir un volume connu de moût dilué dans un excès de liqueur de Fehling, à recueillir ensuite le précipité d'oxyde de cuivre formé et à réduire ensuite cet oxyde à chaud dans un courant d'hydrogène.

Le poids de cuivre trouvé est proportionnel au maltose. Cette méthode qui est certainement la plus exacte est trop longue pour la pratique.

La méthode de Reischauer est certainement la plus rapide, mais elle n'est pas absolument rigoureuse.

La méthode optique qui tente à remplacer de plus en plus les méthodes chimiques devrait être suivie par tous les praticiens.

La méthode optique repose sur la propriété que possède la lumière polarisée d'être déviée en traversant certains corps.

Pour bien comprendre le principe de cette méthode, il serait peut-être bon de rappeler ce qu'est, et comment on peut produire de la lumière polarisée.

Chacun sait que la lumière ordinaire se transmet par vibrations d'une façon rectiligne. Les vibrations se font dans un plan perpendiculaire aux rayons lumineux. Si on fait subir certaines conditions à ces rayons lumineux, ces vibrations se feront maintenant encore perpendiculairement aux rayons lumineux, mais toutes les vibrations se feront dans un même plan.

En un mot les vibrations se sont orientées, elles ont pris des pôles, elles sont polarisées. On obtient la lumière polarisée de différentes manières. Dans les laboratoires on a recours à la réfraction. Un faisceau de lumière passant au travers une lame de quartz taillée d'une façon spéciale donne de la lumière polarisée. Si à l'aide d'un appareil spécial, on regarde cette lumière polarisée on voit très bien le sens des vibrations lumineuses. Si maintenant on fait passer la lumière polarisée au travers une solution de sucre par exemple, on peut très bien constater que le plan de polarisation a tourné autour de son axe.

Dans la pratique, l'appareil producteur de lumière polarisée, appelé Nicol, ainsi que l'appareil destiné à mesurer la déviation du plan de polarisation appelé

analyseur font partie du même instrument qui s'appelle
polarimètre, si l'appareil est construit de façon à pou-

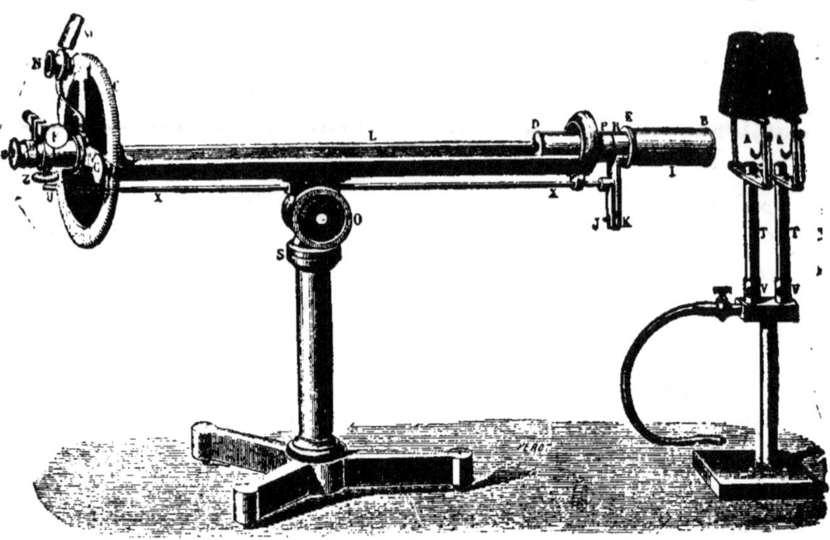

Fig. 37.
Légende explicative.

A. Flammes monochromatiques jaunes : leur milieu est placé à
20 cm. de B.

B. Lentille éclairante.

E. Barillet à diaphragme portant la monture d'un cristal de bichromate de potasse. Ce cristal peut s'enlever suivant le cas, il est destiné
à rendre la flamme plus monochromatique.

R. Tube chaussé dans P et portant le levier **K**, il contient le système
polariseur : prisme et lentille.

D. Diaphragme à plaque de quartz demi-onde formant les pénombres.

U. Levier fixé sur la tige X, fait tourner le polariseur par l'intermédiaire de J. et K, afin de donner plus ou moins de lumière.
Si le liquide est peu coloré, le levier est levé jusqu'à l'arrêt. S'il est
coloré. on baisse plus ou moins ce levier.

L. Règle en bronze en forme de V de 60 cm. de longueur calibrée pour
recevoir les tubes d'observation.

C. Cadran portant les divisions et l'alidade.

M. Miroir renvoyant la lumière du bec sur les divisions.

N. Loupe pour la lecture des divisions.

F. Bouton de réglage pour la mise au zéro.

O. Oculaire.

G. Bouton de manœuvre de l'alidade entraînant dans sa rotation l'analyseur.

voir examiner toutes les substances actives, c'est-à-dire les substances ayant une action sur la lumière polarisée. Si l'appareil est construit spécialement pour l'analyse des sucres, comme c'est le cas pour la brasserie, on l'appelle saccharimètre. Comme les deux appareils ne diffèrent que par la graduation, on porte généralement les deux échelles polarimétrique et saccharimétrique sur le même appareil. L'appareil le plus pratique et le plus répandu est certainement le saccharimètre Laurent (fig. **37**).

Manipulation. — Le brûleur étant allumé, on place l'appareil de manière que la bonnette B (fig. **37**) soit à **20** c/m du milieu des flammes.

Le levier U (fig. **37**) étant levé jusqu'à son arrêt et le bouton moleté Q serré modérément, on dirige l'appareil vers la flamme A, aussi bien que possible, de façon à avoir le maximum de lumière, ce que l'on vérifiera de temps en temps.

Fig. 38.

En regardant à l'oculaire O on a l'apparence *a* ou *c* de la figure **38**, c'est-à-dire un disque divisé en deux moitiés, l'une *jaune clair*, l'autre *gris jaunâtre*. On sort ou l'on rentre l'oculaire O, de manière à voir aussi nettement que possible la ligne de séparation, sans s'occuper des bords du diaphragme. Ce pointé est très important, *mieux il est fait et plus l'appareil est sensible.*

Il est bon de faire ressortir un détail de la plus haute importance pour la sensibilité des pointés. La ligne de séparation des deux plages est le bord net et tranchant d'une lame de quartz très mince (lame demi-onde).

Les deux demi-disques ne sont pas séparés par une ligne épaisse noire ou blanche. Ils sont rigoureusement tangents et par suite dans les meilleures conditions possibles pour que la moindre différence d'ombre soit appréciable.

On regarde à travers la loupe N, préalablement mise au point sur les traits, les divisions éclairées par le réflecteur M et en agissant sur le bouton G l'on fait coïncider le 0 du vernier avec le 0 du cadran sur l'une ou l'autre des divisions suivant celle dont on voudra se servir.

On regarde dans l'appareil. S'il est réglé, on a l'apparence *b* (fig. **38**) c'est-à-dire égalité de tons.

Sinon, on a l'une ou l'autre apparence *a* ou *c* et l'on ramènera à l'égalité de tons en agissant sur le bouton F qui ne sert qu'à cet effet. On tourne dans le bon sens quand le côté foncé s'éclaircit et que le côté clair s'assombrit.

L'appareil étant ainsi réglé, pour le vérifier, on déplace l'alidade au moyen du bouton G, et en passant alternativement de l'apparence *a* à l'apparence *c*, on s'arrête à l'apparence *b* (fig. **38**).

Si l'on a bien opéré, les zéros doivent être en coïncidence, sinon il faut retoucher légèrement au bouton F dans un sens ou dans l'autre, jusqu'à ce qu'on arrive bien à la vérification ci-dessus.

Il convient d'ajouter que ce réglage au 0 peut varier d'un opérateur à l'autre.

La solution sucrée étant interposée, l'image n'est

plus nette ; il faut sortir l'oculaire de **1** à **2** m/m et les deux côtés de la figure **2** sont devenus plus clairs et inégalement.

Si l'on a interposé une matière *dextrogyre*, tels que : le *sucre de canne* ou de *betterave*, le *sucre de diabète*, le *glucose*, le *quartz droit*, etc., c'est le côté droit qui sera moins clair, et il faudra tourner l'alidade à *droite*.

Si la substance est *levogyre : sucre interverti, glucose, quartz gauche*, etc., etc., c'est le côté *gauche* qui sera le moins clair et il faudra tourner l'alidade à *gauche*.

Cette remarque a une importance pratique en ce que l'on voit d'un coup d'œil le *sens du pouvoir rotatoire* que l'on étudie.

Je reprends le cas d'une liqueur sucrée dextrogyre ; on tournera le bouton G à droite jusqu'à ce que le demi-disque de droite devienne noir (gris), on poursuit, il s'éclaircit bientôt et c'est l'autre qui devient noir presque immédiatement : le point est *dépassé*. On revient légèrement en arrière et l'on établit l'égalité de tons par une série d'oscillations du bouton G de plus en plus petites et faisant passer de l'apparence *a* (fig. **38**) à celle *c* pour s'arrêter enfin à celle *b*.

Quand la liqueur est interposée les deux demi-disques n'ont plus rigoureusement la même couleur quand on fait l'égalité de tons.

Cela arrive dans tous les appareils et cela tient à ce que la flamme n'est pas rigoureusement monochromatique.

Il ne s'agit ici en tous cas que de très faibles différences. L'opérateur n'en sentira aucune gène en agissant par oscillations successives, de plus en plus petites, autour du point définitif donné par l'apparence *b*.

On a souvent des liquides colorés qui, mis dans cet appareil (le levier U, fig. **37**, étant levé) ou dans tout autre saccharimètre, sont assez foncés pour que le pointé soit impossible. *Dans ce cas, cet appareil offre une ressource que ne possède aucun autre appareil*, il permet en abaissant le levier U, graduellement de la quantité convenable, d'obtenir plus de lumière dans l'appareil, La précision est diminuée, mais on a cet avantage énorme de pouvoir encore lire et avec une approximation suffisante dans les applications, alors que dans ce cas il *est impossible de rien voir avec tout autre saccharimètre* ; il évite ainsi notamment la décoloration par le noir animal, opération longue et sujette à erreur par la quantité de sucre retenue par le noir lui-même.

Un liquide étant donné, on peut toujours, avec cet appareil, choisir l'angle qui donnera le meilleur résultat, et la pratique montre que cet angle varie avec la coloration du liquide.

Parfois, si le liquide est trop coloré, on peut enlever le bichromate.

Pour des opérations précises, il convient de refaire le zéro de l'appareil chaque fois qu'on aura modifié l'angle du polariseur avec le levier U et par suite l'éclairement du champ par la manœuvre du levier.

Si l'on veut faire vérifier un résultat par un autre opérateur, dont la vue sera presque toujours différente, il est nécessaire que ce dernier refasse lui-même toute la manipulation.

Division saccharimétrique. — L'échelle est divisée en 100 degrés, avec un vernier donnant le 1/10 de division. — Elle s'étend à 100 divisions à droite et à 200 divisions à gauche.

Le vernier comprend donc lui-même :

10 divisions à droite du 0 sur lesquelles on lira les fractions de division à droite dans l'analyse des sucres droits ;

Et **10** divisions à gauche du **0** sur lesquelles on lira **les** fractions de division à gauche dans l'analyse des **sucres** gauches.

Définition du 100 de l'échelle. — Le point 100 correspond à une rotation de **21° 40**, ou à la rotation fournie **par** une plaque de quartz taillée perpendiculairement **à** l'axe de 1 mm. d'épaisseur.

Charge-type. — 16 gr. 19 de sucre de canne.
20 gr. 40 de glucose.
7 gr. 78 de maltose.
5 gr. 50 de dextrine

sont ce que l'on appelle des charges-type. C'est-à-dire **que** les poids ci-dessus de matières dissoutes dans de **l'eau** distillée à 15° de façon à obtenir un volume de **100** cc. après dissolution, polarisées au tube de **20** cm. donnent 100° à l'échelle saccharimétrique. Pour le **dosage** d'un des corps ci-dessus on commencera par **décolorer** le moût ou le liquide à analyser soit par le **noir** animal soit par le sous-acétate de plomb et on **polarisera** le liquide au tube de **20** cm. Le nombre lu **sur** l'échelle saccharimétrique multiplié par **0,1619** donnera le pour cent de sucre de canne ; par **0,204** on **obtiendra** le pour cent de glucose ; par **0,0778** donnera **le** 0/0 de maltose et par **0,0550** le 0/0 de dextrine.

Dosage de la dextrine dans le moût.

Lorsqu'on connaît la proportion pour cent de mal**tose** dans le moût, on multiplie ce chiffre par **1,05**. On **obtient** ainsi la quantité correspondante de glucose.

Dans un ballon auquel on a adapté un réfrigérant **ascendant** (fig. **39**) on a introduit **50** cc. du moût à analyser, puis **15** cc. d'acide chlorhydrique concentré et on ajoute environ **130** à **135** cc. d'eau.

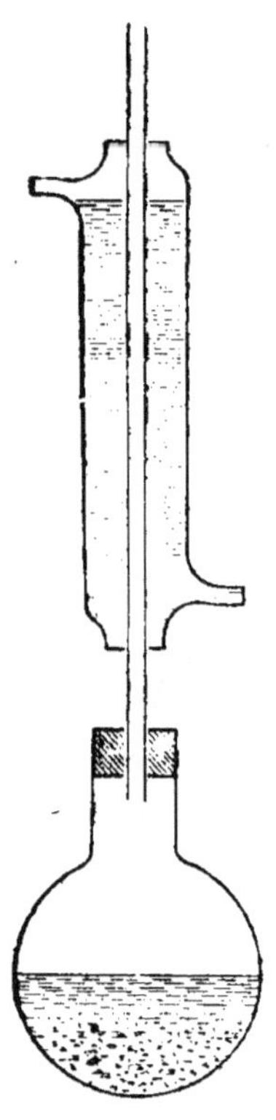

On chauffe le ballon **3** heures au bain-marie, au bout de ce temps, on laisse refroidir, on sature l'acide exactement par la soude et on porte le volume à **500** cc. On dose le glucose formé par une des méthodes ci-dessus.

Il faut multiplier le résultat par **10** puisque le moût est dilué au 1/10. On a ainsi la proportion de glucose dans **50** cc. de moût. On multiplie ce résultat par **2** pour avoir ce chiffre rapporté à **100** de moût. On a ainsi le glucose provenant de la transformation du maltose et de la dextrine. De ce chiffre on retranche le poids de glucose provenant du maltose et la différence multipliée par 0,9 donne le poids de dextrine.

Par la méthode optique, il aurait suffi de décolorer par le sous-acétate de plomb ou par le noir animal le liquide traité comme il a été dit plus haut par l'acide chlorhydrique.

Fig. 39.

On examinera au saccharimètre dans le tube de **20** cm. Le chiffre lu à l'échelle saccharimétrique multiplié par 0,204 donnera le glucose pour cent de moût. Ce chiffre multiplié par **10** et par **2** donnera comme tantôt le glucose pour cent dans le moût.

On fera les mêmes calculs que tout à l'heure pour la méthode chimique.

Rapport du maltose au non-maltose.

On calcule le rapport de la façon suivante :

De 100 gr. d'extrait, on soustrait le poids de maltose contenu dans ces 100 gr. d'extrait et on obtient ainsi la quantité de non-maltose.

$$100 \text{ gr.} - M = \text{non-maltose.}$$

On divise ensuite cette quantité de non-maltose par la quantité de maltose contenu dans 100 gr. d'extrait, d'où :

$$\frac{100 \text{ gr.} - M}{M} = \text{rapport du M à N M}$$

Dans la formule ci-dessus le poids de maltose est représenté par M.

On admet généralement que dans un moût normalement composé, ce rapport doit être compris entre 1/0,48 à 1/0,54.

Dans les rapports ci-dessus, le maltose est représenté par 1.

Dosage de l'azote total dans le malt.

On broie finement le malt à analyser et on en pèse exactement un gramme qu'on porte dans un ballon de 150 cc. On ajoute 20 cc. d'acide sulfurique fumant de Nordhausen et on chauffe doucement au-dessus d'un bec Bunsen muni d'une toile métallique. On doit chauffer très doucement au début pour éviter les projections de liquide. Pour éviter toute perte de matière, il est bon d'incliner légèrement le col du ballon. On peut également poser sur l'orifice du col du ballon un petit bouchon formé par une sphère de verre soufflé. Les vapeurs qui se forment pendant l'opération peuvent sortir en soulevant la boule de verre, tandis que les particules projetées pendant l'ébullition sont retenues par le bouchon sphérique et par suite de la condensation des vapeurs acides retombent ensuite dans le ballon. Au bout de **20** à **25** minutes, la masse contenue dans le ballon ne charbonne plus et le liquide entre en ébullition tranquille; on peut alors chauffer davantage. Au bout de **2** heures environ d'ébullition, le liquide de noir qu'il était devient rouge clair. On retire alors le ballon du feu et on projette par petites portions du permanganate de potasse pulvérisé. Une pincée de ce produit suffit généralement. Il faut prendre des précautions en ajoutant le permanganate, car la réaction est très vive et est souvent accompagnée de dégagement de lumière.

On chauffe alors de nouveau le ballon jusqu'à obtention d'un liquide présentant la teinte de l'huile d'olive.

A ce moment tout l'azote du malt est passé à l'état d'ammoniac qui combiné à l'acide sulfurique donne du sulfate d'ammoniac.

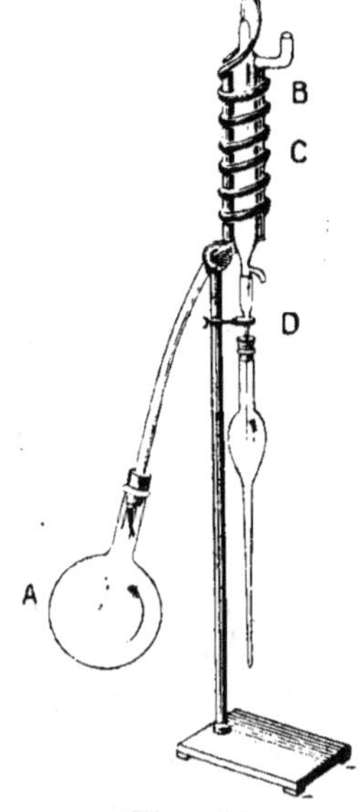

Fig. 40.

Il ne suffit plus qu'à doser l'ammoniac formé. On se sert pour cela de l'appareil représenté par la figure 40.

Dans le ballon A, on introduit environ 100 cc. d'eau distillée, puis on verse le contenu du ballon dans lequel on a traité le malt par l'acide sulfurique ainsi que les eaux de lavage du petit ballon. On introduit ensuite vivement un excès de lessive de soude caustique. On aperçoit que la soude est en excès en introduisant dans le ballon A un morceau de papier de tournesol, le papier doit être bleu. B est un serpentin en étain fin, C un réfrigérant destiné à condenser les vapeurs. D est un tube en verre effilé plongeant dans un becherglass contenant 10 cc. d'acide sulfurique normal exactement mesuré et coloré par quelques gouttes de tournesol sensible. Dans le but de régler l'ébullition, on peut introduire dans le ballon A quelques morceaux de pierre ponce. On porte alors le ballon A à l'ébullition, on aperçoit alors un dégagement gazeux par le tube D. Si ce dégagement n'avait pas lieu, c'est qu'une fuite existerait à l'appareil et le dosage serait faux. Lorsque 60 à 70 cc. de liquide ont distillé, on retire doucement le becherglass et on laisse tomber du tube D, une goutte du distillat sur du papier de tournesol rouge. Si le papier bleuissait, c'est qu'il y aurait encore dégagement d'ammoniac et dans ce cas on continuerait de distiller encore quelques centimètres cubes. Lorsque le liquide distillé est neutre, c'est-à-dire lorsqu'il n'a plus d'action sur le tournesol, l'opération est terminée.

On transvase le distillat dans un ballon jaugé à 100 cc., on rince le bercherglass et les eaux de lavage coulent dans le ballon jaugé. On affleure au trait de jauge avec de l'eau distillée. On mélange bien et à l'aide d'une pipette, on prend 10 cc. de ce liquide qu'on porte dans une petite capsule en porcelaine, on ajoute 2 à 3 gouttes de teinture de tournesol et on porte à l'ébullition pour chasser l'acide carbonique provenant du carbonate de soude qui se trouve toujours dans les lessives de soude du commerce.

D'une burette divisée en 1/10 de centimètre cube, on laisse tomber goutte à goutte dans les 10 cc. de liquide une solution déci-normale de soude ou de potasse caustique et ceci jusqu'à ce que le liquide vire au bleu. A ce moment, on lit sur la burette, le volume d'alcali employé ; soit 7 cc. de liqueur de potasse N/10 employé.

On raisonne de la façon suivante.

Il y a donc :

10 cc. — **7** cc. = **3** cc. d'acide sulfurique saturé.

Mais les **10** cc. d'acide sulfurique normal étant dilué à **100** cc., sur ces **100** cc., **30** cc. sont saturés par l'ammoniac.

Or, **1** cc. de la liqueur sulfurique = **0** gr. **0014** d'azote.

Et, **30** cc. de la liqueur sulfurique = **0** gr. **0014** $\times$ **30** = **0** gr. **042** d'azote.

Un gramme de malt contient donc **0** gr. **042** d'azote. Et **100** grammes de malt contiennent :

$$0 \text{ gr. } 042 \times 100 = 4 \text{ gr. } 2 \text{ d'azote.}$$

Si l'on veut exprimer l'azote en protéine on se base sur ce que les matières azotées contiennent **16** 0/0 d'azote.

Pour le cas ci-dessus nous aurons :

$$\frac{100 \times 42}{16} = 26,25 \text{ 0/0 de protéine.}$$

Connaissant l'humidité du malt, on ramène le résultat à **100** gr. de malt sec.

Dosage de l'azote par la méthode de Will et Warentrapp.

On pulvérise finement **3** grammes de malt qu'on mélange intimement à de la chaux sodée. Pour que le malt se pulvérise facilement, on le porte pendant une heure à l'étuve à 105° C^e. On prend alors un tube à combustion en verre vert peu fusible, dont une extrémité est étirée en pointe P (fig. 41), tandis que l'autre A est rodée à la meule. On introduit en B un petit tampon d'amiante puis de B en C, on met une petite colonne de chaux sodée en morceau de la grosseur d'un pois. On introduit alors le malt mélangé à la chaux sodée, jusqu'en D, puis on met à la suite de la chaux sodée comme en C. On met ensuite un tampon d'amiante. Puis tenant le tube horizontalement la pointe P en l'air, on le frappe quelques coups sur une table de façon à ménager dans la partie supérieure du tube un petit canal pour le passage des gaz.

A l'extrémité A, on fixe par l'intermédiaire d'un

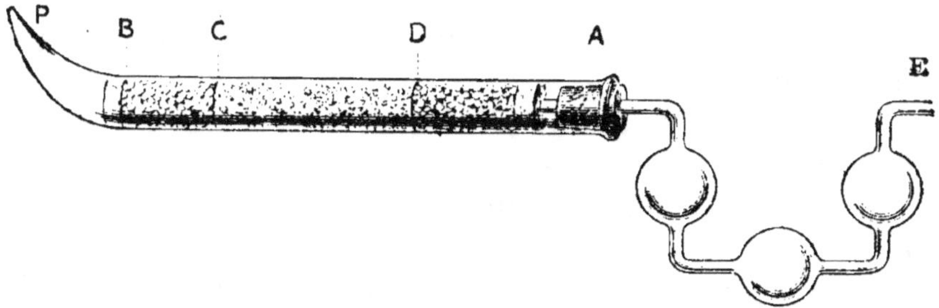

Fig. 41.

bouchon de liège un tube à boules de Will et Warentrapp contenant 50 cc. d'acide sulfurique normal. On chauffe le tube sur une grille à combustion en commençant par chauffer l'extrémité A et en remontant ensuite vers la pointe P. Le dégagement des gaz ne doit pas être trop vif, on doit pouvoir compter les bulles de gaz passant dans le tube à boules. Lorsque le dégagement gazeux a cessé, on brise la pointe P et on éteint le gaz de la grille à combustion. On aspire par le tube E, de façon à ce que les dernières traces d'ammoniac qui peuvent rester dans le tube à combustion passent dans le tube à boules. On vide alors le contenu du tube à boules dans une fiole jaugée à 500 cc. On rince le tube à l'eau distillée. Les eaux de lavage coulent dans la fiole jaugée, on complète au trait de jauge avec de l'eau distillée.

On prélève **10** cc. de liquide et à l'aide de la potasse **N/10** on dose l'acide libre.

On calcule comme précédemment.

Soit **8** cc. **2** le volume de liqueur de potasse **N/10** employé.

Il y a donc :

10 cc. — **8** cc. **2** = 1 cc. 8 d'acide sulfurique **saturé**.

Si sur **10** cc. il y a **1** cc. **8** saturé.

Sur 500 cc. il y aura $\dfrac{1\ cc.\ 8 \times 500}{10} = 90$ cc.

Sur 500 cc. de liquide, il y a donc **90** cc. saturé **par** l'ammoniac.

Or 1 cc. de liqueur sulfurique N/10 = **0** gr. **0014** d'azote.

Et 90 cc. de liqueur sulfurique N/10 = **0** gr. **1260** d'azote.

3 grammes de malt contiennent donc **0** gr. **126** d'azote.

Et **100** grammes de malt contiendront **4** gr. **2** d'azote.

Soit en protéine $\dfrac{100 \times 4,2}{16} = 26$ gr. 25 0/0.

Dosage de l'azote total dans le moût.

Dans un petit ballon de **150** cc. on introduit **100 cc.** de moût provenant de la recherche du rendement en extrait (voir page **90**). Si le moût n'est pas tout à **fait** limpide, on le filtre au préalable. On évapore ces **100 cc.** de moût jusqu'à obtention d'un résidu sec. On introduit alors dans le ballon **20** cc. d'acide sulfurique **fumant** de Nordhausen et on dose l'azote comme précédemment par la méthode de Kjédahl.

On calcule l'azote de la façon suivante :

A   = Az 0/0 dans **100** cc. de moût.
b   = Eau hydratation du malt.
400 = Eau du petit bassin.
V   = Azote dans malt humide.

$$2\,\frac{A\,(400 + b)}{100} = V$$

Lorsqu'on connait l'azote 0/0 dans le moût, on rapporte ce chiffre à **100** de malt de la façon suivante. Soit **Az.** l'azote dans **100** cc. de moût. On regarde dans la table de Shultze à quelle quantité d'extrait correspond la densité du moût, soit *e* cette quantité d'extrait contenue dans **100** cc. de moût.

La formule ci-dessous donne l'azote sur 0/0 d'extrait.

$$\frac{Az \times 100}{e} = \text{Azote 0/0 d'extrait.}$$

Connaissant le rendement du malt, on rapporte ce chiffre à **100** gr. de malt sec.

Dosage de l'azote coagulable dans le moût.

On fait bouillir pendant une heure **100** cc. de moût au bain-marie. Au bout de ce temps on filtre sur un filtre Berzélius, on lave le vase où l'ébullition du moût a été opérée, à l'eau distillée bouillante et on verse le liquide sur le filtre. On lave ensuite le filtre et le coagulum à l'eau distillée bouillante. Puis on sèche le filtre à l'étuve à 100° C. On introduit ensuite le filtre et le coagulum sec dans un ballon de **150** cc. avec **20** cc. d'acide sulfurique fumant et on dose l'azote par la méthode habituelle.

On rapporte le taux d'azote à **100** gr. de malt sec.

Dosage de l'azote soluble à 100 C°.

Connaissant l'azote total du moût et l'azote coagulable à 100°, on obtient l'azote soluble par différence.

Interprétation des chiffres obtenus dans le dosage de l'azote.

Kukla a posé les règles ci-dessous concernant les matières azotées contenues dans le malt.

1° Un bon malt ne doit pas contenir plus de 35 0/0 de sa matière azotée à l'état soluble.

2° La proportion de l'azote soluble coagulable à 100° C, doit être aussi élevée que possible et doit représenter 3 à 12 0/0 de l'azote total.

3° Si la matière azotée soluble dépasse 35 0/0 le malt sera considéré comme défectueux, le moût obtenu est opalescent avec mauvais tranché en chaudière, la fermentation est mauvaise et la bière conserve mal.

4° Avec d'excellentes orges, on peut produire de mauvais malts et inversement. Un trempage prolongé et une germination lente à basse température éliminent l'excès d'azote par les radicelles qui se développent bien.

Un travail précipité à haute température donne des malts de qualités inférieures.

Dosage de l'amidon dans le malt.

On opérera comme on l'a fait pour le dosage de l'amidon dans l'orge (voir page 63).

Dosage de l'amidon dans la drêche.

On pèse **2** gr. de drêche qu'on porte dans une capsule à l'étuve à **105-110°** jusqu'à siccité.

En même temps, on place dans la même étuve un bac ou grande capsule contenant **100** à **150** gr. de la même drêche. On prend **100** gr. si la drêche n'est qu'humide et on prend **150** gr. si cette drêche contient beaucoup d'eau, si elle goutte par exemple.

On dessèche ces **100** ou **150** gr. de drêche à siccité, en retournant de temps en temps, toutes les demi-heures par exemple. Pour être certain d'avoir la siccité complète, on maintient la grande capsule à l'étuve le double de temps qu'il a fallu pour dessécher les **2** gr. de drêche. Ainsi, s'il a fallu **3** heures pour avoir la siccité avec les **2** gr. on maintient la grande capsule **6** heures à l'étuve, tout en remuant.

Ensuite on moud finement cette drêche, on en pèse **5** gr. qu'on introduit dans un flacon de Lintner avec **70** cc. d'eau.

On chauffe **4** heures à **135-140°** dans la paraffine.

On retire ensuite le flacon de Lintner de la paraffine et on le plonge dans de l'eau bouillante pendant **10** minutes. On ouvre le flacon avec précaution et on filtre sur un filtre à perles de **5** cm. de haut à l'aide de la trompe à vide. Il faut filtrer bouillant (fig. **42**).

On rince le flacon et le filtrat avec **50** cc. de façon à obtenir **100** cc. de filtrat, on verse le tout après agitation dans un ballon mis dans un bain-marie et muni d'un réfrigérant ascendant. On fait bouillir **3** heures après avoir ajouté **5** cc. d'acide chlorhydrique. Ensuite on débouche le ballon et on laisse évaporer un peu de liquide pour avoir un peu moins de **100** cc. de liquide.

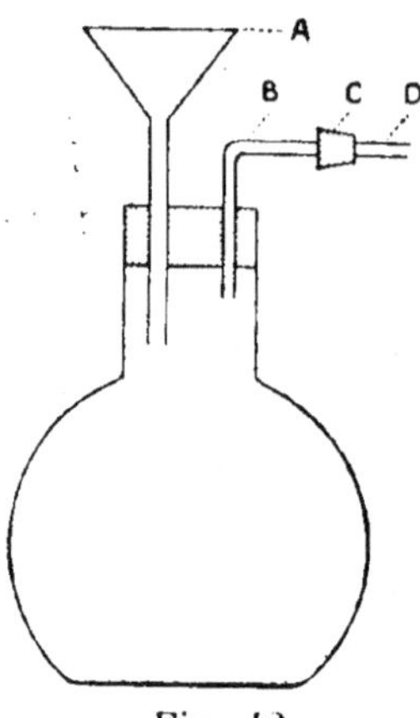

Fig. 42.

On sature exactement avec une lessive de soude, on porte dans le ballon 100-110, on complète à **100** avec eau distillée et on défèque par le sous-acétate de plomb plus du tannin, ou mieux par **1** gr. de noir animal lavé.

On polarise au tube de **20** cm. et on ajoute **1/10** au résultat pour compenser la dilution. Si on polarise au tube de **22** cm. il n'y a pas de correction à faire.

D'où la formule :

R = Rotation lue à l'échelle saccharimétrique.

$$\left[\left(R + \frac{R}{10}\right) \times 0,204\right] \times 0,9 = \text{Amidon dans les 5 gr. de}$$

drèche.

Appareil à filtration chaude dans le vide, pour l'analyse, ci-dessus (fig. **42**).

A Entonnoir.
B Tube capillaire cuivre.
C Bouchon pour le caoutchouc.
D Tube allant à la trompe à vide.

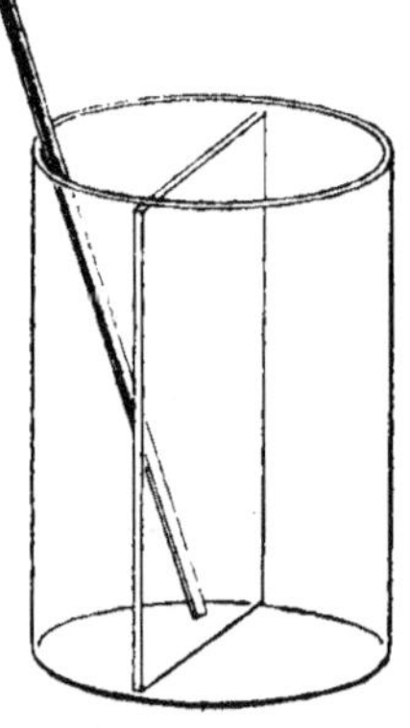

Fig. 43.

Degré de coloration du moût.

Pour déterminer le degré de coloration du moût il est commode de se servir de l'appareil (fig. **43**). Dans l'un des compartiments du vase, on met **100** cc. du moût à analyser et dans l'autre on verse **100** cc. d'eau distillée. A l'aide d'une burette graduée on laisse tomber goutte à goutte une solution d'iode N/10 (page **36**) et en agitant sans cesse jusqu'à obtention de la même teinte que celle du moût. A ce moment on lit sur la burette le volume d'iode N/10 employé qui sera l'indice de coloration du moût.

CHAPITRE V

LE HOUBLON

Analyse du houblon.

Examen physique. — Pour examiner le houblon, on étale les cloches sur une feuille de papier bleu. Les cloches doivent avoir une teinte jaune verdâtre, une teinte jaune paille indiquerait du houblon suranné. Les cloches ne doivent être ni tachées, ni moisies. La tige doit être aussi courte que possible. La longueur des cônes varie de **2** cm. à **3** cm. **5**. Lorsqu'ils ont **4** cm. ou au-delà, ils sont anormaux. Les houblons fins ont généralement les cloches petites.

Le houblon frotté dans la main doit dégager une odeur fraîche *sui generis* de houblon en même temps qu'il est huileux et collant. Les houblons anciens dans les mêmes conditions sont secs et dégagent une odeur piquante désagréable. Si on examine à la loupe la lupuline elle se présente sous forme de grains jaunes clairs et brillants. La Pupuline ancienne se présente sous forme de grains foncés jaune rougeâtre.

Examen chimique. — Il portera sur les dosages suivants :

Humidité.
Cendres.
Extrait aqueux.

Extrait alcoolique.
Résines.
Tannin.
Falsifications.

Humidité. — On pèse exactement 5 gr. de houblon qu'on effeuille dans un verre de montre taré. On place le tout dans le dessicateur au-dessus de l'acide sulfurique et on fait le vide.

Au bout de 48 heures environ on fait une première pesée, puis on reporte au dessicateur pendant 10 heures dans le vide on pèse alors une seconde fois ainsi de suite jusqu'à poids constant. La perte de poids indique l'eau dans 5 gr. de houblon et en multipliant ce nombre par 20 on aura l'humidité pour cent. Il faut bien se garder de chauffer le houblon dans le but d'activer l'évaporation, car en opérant ainsi, on perdrait des matières volatiles.

Cendres. — On incinère à base température 10 gr. de houblon, puis on porte au rouge sombre. La capsule et son cotnenu sont refroidis à l'excicateur avant la pesée. Le poids de cendre trouvé multiplié par 10 donne les cendres pour cent de houblon.

Extrait aqueux. — On fait bouillir dans une capsule de porcelaine 250 cc. d'eau et 5 gr. de houblon pendant 2 heures en remplaçant l'eau évaporée de temps en temps. Puis on jette le tout sur un filtre et le filtrat coule dans une fiole jaugée de 500 cc. On lave à l'eau distillée bouillante et les eaux de lavage coulent également dans la fiole contenant la décoction de houblon. On laisse refroidir, on affleure avec de l'eau distillée au trait de jauge. On agite bien et on recherche l'extrait soit en prenant la densité ou mieux en évaporant à siccité 50 cc. de liquide et multipliant le poids trouvé par 10. On a ainsi l'extrait aqueux dans 5 grammes de houblon. En multipliant ce nombre par **20** on aura l'extrait pour cent de houblon.

Extrait alcoolique. — On épuise 5 grammes de houblon pour **100** gr. d'alcool à 90° dans un appareil Soxhlet. Lorsque l'alcool qui traverse le houblon est incolore ou légèrement coloré, l'opération est terminée.

On évapore l'alcool à basse température dans une capsule tarée et le poids trouvé donnera le poids de l'extrait alcoolique dans 5 grammes de houblon ; on calculera comme pour l'extrait aqueux.

L'évaporation de l'alcool doit se faire à une température relativement basse pour éviter la perte de matières volatiles. Comme contrôle on pourra peser le houblon épuisé par l'alcool ; le poids de ce houblon épuisé plus le poids d'extrait alcoolique trouvé devra égaler 5 grammes.

Résines. — L'extrait alcoolique renferme les mêmes produits que l'extrait aqueux avec les résines en plus.

En retranchant donc l'extrait aqueux de l'extrait alcoolique on aura le poids des résines.

Tannin. — Les méthodes de dosage du tannin sont nombreuses, mais ne sont pas très exactes. Quelle que soit la méthode employée, on commence par faire une décoction de houblon en faisant bouillir **10** grammes de houblon dans **300** cc. d'eau distillée, pendant **2** heures. On remplace de temps en temps l'eau qui s'évapore. On jette ensuite le tout sur un filtre et on reçoit la filtration dans une fiole jaugée de **1** litre. On lave le houblon sur le filtre avec de l'eau distillée bouillante, puis lorsque le ballon est refroidi on affleure au trait de jauge avec de l'eau distillée.

On mélange bien.

Méthode à la corde de violon. — On prélève 25 cc. de la décoction ci-dessus qu'on porte dans un verre à expérience.

D'autre part on se procure de la corde de violon (corde de ré) non huilée. (On peut se procurer cette corde chez MM. Thibouville et Lamy et Cie, rue Réaumur, 68, à Paris). On coupe cette corde de violon en fragments de 1 cm. environ et on la sèche à l'étuve à 105° jusqu'à poids constant. On en pèse alors **1** gramme qu'on fait gonfler dans l'eau distillée pendant **10** heures environ. On jette ensuite l'eau distillée et on porte la corde de violon ainsi préparée dans les **25** cc. de décoction ci-dessus. On laisse en contact **24** heures en agitant fréquemment.

Au bout de ce temps on lave bien à l'eau distillée et on fait sécher à l'étuve à **100-105°** C. l'augmentation de poids indique le tannin fixé sur la corde. On multiplie par **12** pour avoir le poids de tannin dans **10** gr. de houblon. Pour obtenir le tannin 0/0 de houblon on multiplie ce chiffre par **10**.

Méthode au caméléon. — On prépare d'abord une solution type de tannin contenant **1** gr. de tannin chimiquement pur pour **1** litre d'eau distillée. D'autre part on fait une solution de **1** gr. de permanganate de potasse pour **1** litre d'eau.

On titre la solution de permanganate avec la solution de tannin de la façon suivante :

On met **10** cc. de solution de permanganate dans une capsule en porcelaine avec une goutte d'acide sulfurique pur. D'une burette graduée on laisse tomber goutte à goutte le tannin jusqu'à complète décoloration du permanganate. On note alors le titre du permanganate vis-à-vis du tannin.

D'autre part on prend **20** cc. de la décoction de houblon qu'on porte dans une capsule en porcelaine et on y ajoute un excès d'acétate de zinc ammoniacal (p. **37**). On évapore le contenu de la capsule au bain-marie, jusqu'à ce qu'il ne reste plus que **2** ou **3** cc. de liquide.

On jette le tout sur un filtre sans pli mouillé. On lave la capsule à l'eau distillée et on verse de nouveau sur le filtre. On lave alors le précipité sur le filtre avec de l'eau distillée bouillante. On dissout ensuite le précipité de tanate de zinc dans de l'acide sulfurique au quart, et dans ce liquide on dose le tannin avec la solution titrée de permanganate.

Méthode pondérale. — Par cette méthode on précipite le tannin de la décoction de houblon par le protochlorure d'étain (page **37**). On recueille le précipité de tanate d'étain sur un filtre sans cendre, on sèche et on incinère, puis laissant refroidir la capsule, on l'arrose avec une solution de nitrate d'ammoniaque pour faire passer le protoxyde d'étain à l'état de bioxyde. On pèse la capsule refroidie. Le poids de bioxyde d'étain multiplié par 0 gr. **893** donne le poids correspondant de tannin. On ramène ce poids à **100** de houblon.

Falsifications du houblon.

Mélange de vieux houblon. — Cette fraude est facile à découvrir. En examinant la lupuline à la loupe on distingue facilement la lupuline récente de l'ancienne (voir page **123**).

Soufrage. — Le soufrage du houblon ne peut pas être considéré comme fraude lorsqu'il est pratiqué sur de nouveaux houblons ; mais on se sert souvent de cette manipulation pour blanchir de vieux houblons. On peut découvrir le soufrage en piquant dans les balles de houblon des épingles argentées de **15** à **20** cm. de long. Sous l'action du soufre les épingles noircissent. Un autre moyen très sensible consiste à faire macérer du houblon dans de l'eau distillée à froid pendant quelques heures, puis à filtrer. Dans le liquide filtré enfermé dans un ballon, on ajoute quelques morceaux de zinc pur et 10 cc. d'acide chlorhydrique pur. Dans le col du ballon on suspend un papier plongé dans le sous-acétate de plomb, si ce papier noircit c'est que le houblon est soufré.

Addition de sable. — Dans le but de donner du poids au houblon on l'additionne quelquefois de sable. Cette fraude se découvre facilement en tamisant un peu de houblon, le sable passe avant la lupuline.

Addition de sel. — Dans le même but que ci-dessus, on additionne le houblon de sel de cuisine. On décèle cette manipulation en traitant un peu de houblon par de l'eau distillée, et en filtrant le liquide. Si au liquide filtré on ajoute quelques gouttes d'une solution de nitrate d'argent on a un précipité blanc cailleboté qui indique la présence de sel de cuisine (chlorure de sodium).

Addition de résines. — Dans le but de rendre collant les houblons anciens, on l'additionne de poudre de résine, mais l'examen attentif à la loupe révèle cette addition.

Addition de sucre. — Dans le même but on additionne aussi le houblon de sirop de sucre. Un tel houblon traité par l'eau distillée cède son sucre à l'eau où il est facile de le caractériser.

CHAPITRE VI

Analyse de la bière.

La bière doit être limpide, sans particules nageant dans le liquide, sa mousse doit être blanche, fine et collante.

Une mousse rare formée de grosses bulles, n'adhérant pas au vase contenant la bière indique une bière pauvre en acide carbonique.

La bière doit être franche de goût, ni trop amère, ni trop sucrée. Un goût amer indiquerait une addition de succédané du houblon, une bière trop sucrée pourrait contenir soit de la saccharine, soit de la glycérine.

Dans l'analyse de la bière on devra trouver environ deux fois plus d'extrait que d'alcool, la quantité de ce dernier corps étant exprimé en poids et non en volume.

La proportion ci-dessus n'est pas absolument rigoureuse. En tout cas on devra toujours trouver plus d'extrait que d'alcool. Si le poids d'alcool égalait ou dépassait celui de l'extrait, on pourrait en déduire que la bière a été soit additionnée de sucre ou alcoolisée après fabrication ou qu'elle a subi les deux additions ci-dessus.

L'acidité de la bière doit être faible, elle ne doit pas dépasser 4 gr. 5 d'acidité exprimée en acide lactique par litre de bière.

La quantité de cendre ne doit pas être supérieure à 3 gr. par litre de bière.

L'acide carbonique devrait au moins atteindre 2 gr. par litre.

Le sucre de malt (maltose) doit figurer au moins pour 12 gr. par litre et ne doit pas dépasser 30 gr.

Le degré d'atténuation apparent doit être environ de 65 0/0. Il est trop faible en dessous de 60 0/0 et trop fort au-dessus de 75 0/0.

La glycérine ne doit pas dépasser 3 gr. par litre.

Densité. — On commence par chasser l'acide carbonique en agitant la bière dans une bouteille remplie à moitié dont on enlève le bouchon de temps en temps pour laisser partir l'acide carbonique. Lorsqu'il n'y a plus de pression à l'intérieur de la bouteille, on prend la densité à l'aide de la balance de Wesphall à 15° C.

Alcool.

Méthode par distillation.

On se sert du petit alambic représenté par la figure 44 que l'on peut confectionner soi-même.

B est un petit ballon en cuivre de 500 cc. environ au col duquel se trouve un bouchon percé traversé par un tube d'étain.

C est un petit serpentin en étain fin enfermé dans une boîte cylindrique E. L'extrémité inférieure du serpentin débouche en *a*.

L est une petite éprouvette jaugée de 150 cc.

D est un tube d'étain reliant le ballon B au serpentin C.

J est un petit tube descendant au fond du réfrigérant et muni d'un petit entonnoir.

Pour faire un dosage d'alcool avec cet appareil on introduit **300** cc. de bière dépouillée de son acide car-

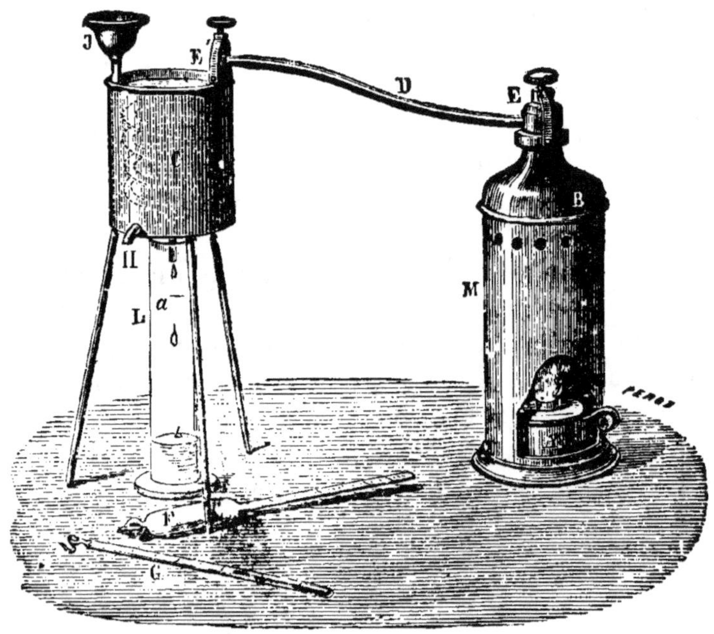

Fig. 44.

bonique dans le ballon B. On place à l'extrémité *a* du serpentin la petite éprouvette jaugée de 150 cc. On chauffe lentement le ballon jusqu'à ébullition tranquille. Il faut bien faire attention qu'aucune particule de bière ne soit entraînée dans le serpentin ce qui fausserait le résultat.

Pendant tout le temps de la distillation on verse de l'eau froide par l'entonnoir J, cette eau déplace l'eau chaude qui s'échappe par une tubulure supérieure. On recueille ainsi 150 cc. de distillat. Lorsque ce résultat est atteint, on éteint le feu sous le ballon B et on porte les 150 cc. de distillat dans une éprouvette jaugée de 300 cc., on parfait le volume à 300 cc. avec de l'eau distillée, on agite bien, on tempère à 15° C. autant que possible et on y plonge un alcoomètre contrôlé de Gay-Lussac, allant de 0° à 35°. Pour lire le degré alcoolique, il faut regarder en dessous du ménisque figure 45.

Généralement pour plus de rapidité, on ne tempère pas le liquide à 15°, on prend le degré alcoolique et la température et on fait la correction à l'aide de la table de

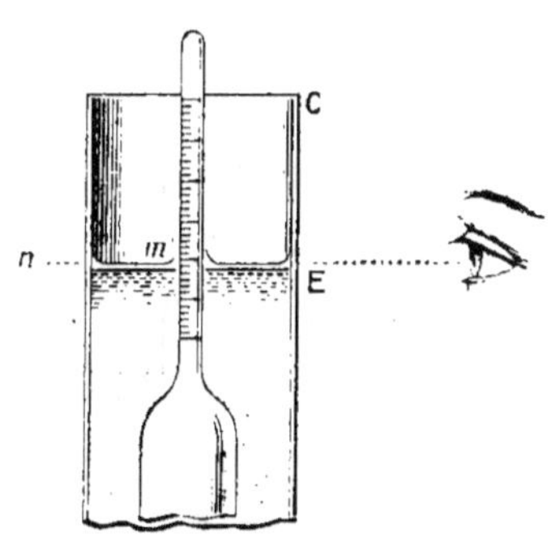

Fig. 45.

correction. Je suppose que nous ayons trouvé 3° à l'alcoomètre tandis que le thermomètre marquait 18°. Dans la colonne horizontale (indication de l'alcoomètre) on cherche le chiffre 3, dans la colonne verticale (indication, thermomètre) on prend la température 18° puis on prolonge ces deux lignes jusqu'à leur point d'intersection qui est 2,7 ce qui signifie que la richesse alcoolique de la bière est 2,7 0/0 en volume. Pour avoir la richesse alcoolique en poids on multiplie l'alcool en volume par 0,8 soit $2,7 \times 0,8 = 2,16$ d'alcool en poids, c'est-à-dire que dans 100 cc. de bière il y a 2 gr. 16 d'alcool en poids ou 2 cc. 7 d'alcool en volume.

Indications de l'alcoomètre

Température en Centigrade.

	1	2	3	4	5	6	7	8	9	10	11	12	13	14	15
10	1.4	2.4	3.4	4.5	5.5	6.5	7.5	8.5	9.5	10.6	11.7	12.7	13.8	14.9	16.0
11	1.3	2.4	3.4	4.4	5.4	6.4	7.4	8.4	9.4	10.5	11 6	12.6	13.6	14.7	15.8
12	1.2	2.3	3.3	4.3	5 3	6.3	7.3	8.3	8.3	10.4	11.5	12.5	13.5	14.6	15.6
13	1.2	2.2	3.2	4.2	5.2	6.2	7.2	8.2	9.2	10.3	11.4	12.4	13.4	14.4	15.4
14	1.1	2.1	3.1	4.1	5.1	6.1	7.1	8.1	9.1	10.2	11 2	12.2	13.2	14.2	15.2
15	1	2	3	4	5	6	7	8	9	10	11	12	13	14	15
16	0.9	1.9	2.9	3.9	4.9	5.9	6.9	7.9	8.9	9.9	10.9	11.9	12.9	13.9	14.9
17	0.8	1.8	2.8	3.8	4.8	5.8	6.8	7.8	8.8	9.8	10 8	11.7	12.7	13.7	14.7
18	0.7	1.7	2.7	3.7	4.7	5.7	6.7	7.7	8.7	9.7	10.7	11.6	12.5	13.5	14.5
19	0.6	1 6	2.6	3.6	4.5	5.5	6.5	7.5	8.5	9.5	10.5	11.4	12.4	13.3	14.3
20	0.5	1.5	2.4	3.4	4.4	5.4	6.4	7.3	8.3	9.3	10.3	11.2	12.2	13.1	14.0
21	0.4	1.4	2.3	3.3	4.3	5.2	6.2	7.1	8 1	9 1	10.1	11.0	11.9	12.8	13.7
22	0.3	1.3	2.2	3.2	4.1	5.1	6.1	7.0	7.9	8.9	9.9	10.8	11.7	12.6	13.5
23	0.1	1.1	2.1	3.1	4.0	4.9	5.9	6.8	7.8	8.7	9.7	10.6	11.5	12.4	13.3
24	0.0	1.0	1.9	2.9	3.8	4.8	5.8	6.7	7.6	8.5	9.5	10.4	11.3	12.2	13.1
25	0.0	0.8	1.7	2.7	3.6	4.6	5.5	6.5	7.4	8.3	9 3	10.2	11.1	12.0	12.8
26	0.0	0.7	1.6	2.6	3.5	4.4	5.4	6.3	7.2	8.1	9.0	9.9	10.8	11.7	12.6
27	0.0	0 5	1 5	2.4	3.3	4.3	5.2	6.1	7.0	7.9	8.8	9.7	10.6	11.5	12.3
28	0.0	0.3	1.3	2.2	3.1	4.1	5.0	5.9	6.8	7.7	8.6	9.5	10.3	11.2	12.0
29	0.0	0.2	1.1	2.0	2.9	3.9	4 8	5.7	6.6	7.5	8.4	9.2	10.1	11.0	11.7
30	0.0	0.0	0.9	1.9	2.8	3.7	4.6	5.5	6.4	7.3	8.1	9.0	9.8	10.7	11.5

Si on ne dispose pas d'alcoomètre, on peut prendre la densité du liquide distillé ramené au volume primitif de la bière, comme ci-dessus. On prendra la densité par exemple à l'aide de la balance de Wesphall et en se reportant à la table de Holzner, on aura la quantité correspondante d'alcool en poids. Si on veut obtenir l'alcool en volume, il suffira de diviser cette quantité par 0,8.

Table de Holzner.

Densité du liquide distillé	Quantité d'alcool en poids pour 100 du liq. distillé	Densité du liquide distillé	Quantité d'alcool en poids pour 100 du liq. distillé
1.0000	0.00	0.9965	1.91
0.9999	0.05	0.9964	1.97
0.9998	0.11	0.9963	2.03
0.9997	0.16	0.9962	2.08
0.9996	0.22	0.9961	2.14
0.9995	0.27	0.9960	2.20
0.9994	0.32	0.9959	2.26
0.9993	0.38	0.9958	2.31
0.9992	0.43	0.9957	2.37
0.9991	0.48	0.9956	2.43
0.9990	0.54	0.9955	2.49
0.9989	0.59	0.9954	2.55
0.9988	0.65	0.9953	2.60
0.9987	0.70	0.9952	2.66
0.9986	0.75	0.9951	2.72
0.9985	0.81	0.9950	2.78
0.9984	0.86	0.9949	2.84
0.9983	0.92	0.9948	2.90
0.9982	0.97	0.9947	2.95
0.9981	1.02	0.9946	3.01
0.9980	1.08	0.9945	3.07
0.9979	1.13	0.9944	3.13
0.9978	1.19	0.9943	3.19
0.9977	1.24	0.9942	3.25
0.9976	1.29	0.9941	3.30
0.9975	1.35	0.9940	3.36
0.9974	1.40	0.9939	3.42
0.9973	1.46	0.9938	3.48
0.9972	1.51	0.9937	3.54
0.9971	1.56	0.9936	3.59
0.9970	1.62	0.9935	3.65
0.9969	1.68	0.9934	3.71
0.9968	1.73	0.9933	3.77
0.9967	1.79	0.9932	3.83
0.9966	1.85	0.9931	3.89

Densité du liquide distillé	Quantité d'alcool en poids pour 100 du liq. distillé	Densité du liquide distillé	Quantité d'alcool en poids pour 100 du liq. distillé
0.9930	3.94	0.9891	6.39
0.9929	4.00		
0.9928	4.06	0.9890	6.46
0.9927	4.12	0.9889	6.52
0.9926	4.19	0.9888	6.59
		0.9887	6.66
0.9925	4.25	0.9886	6.73
0.9924	4.31		
0.9923	4.38	0.9885	6.80
0.9922	4.44	0.9884	6.87
0.9921	4.50	0.9883	6.93
		0.9882	7.00
0.9920	4.57	0.9881	7.07
0.9919	4.63		
0.9918	4.69	0.9880	7.14
0.9917	4.75	0.9879	7.21
0.9916	4.82	0.9878	7.28
		0.9877	7.35
0.9915	4.88	0.9876	7.41
0.9914	4.94		
0.9913	5.01	0.9875	7.48
0.9912	5.07	0.9874	7.55
0.9911	5.13	0.9873	7.62
		0.9872	7.69
0.9910	5.20	0.9871	7.76
0.9909	5.26		
0.9908	5.32	0.9870	7.83
0.9907	5.38	0.9869	7.90
0.9906	5.45	0.9868	7.97
		0.9867	8.03
0.9905	5.51	0.9866	8.10
0.9904	5.57		
0.9903	5.64	0.9865	8.17
0.9902	5.70	0.9864	8.24
0.9901	5.76	0.9863	8.31
		0.9862	8.38
0.9900	5.83	0.9861	8.45
0.9899	5.89		
0.9898	5.95	0.9860	8.52
0.9897	6.02	0.9859	8.58
0.9896	6.08	0.9858	8.65
		0.9857	8.72
0.9895	6.14	0.9856	8.79
0.9894	6.21		
0.9893	6.27	0.9855	8.86
0.9892	6.33	0.9854	8.93

Densité du liquide distillé	Quantité d'alcool en poids pour 100 du liq. distillé	Densité du liquide distillé	Quantité d'alcool en poids pour 100 du liq. distillé
0.9853	9.00	0.9814	11.86
0.9852	9.07	0.9813	11.94
0.9851	9.14	0.9812	12.01
		0.9811	12.09
0.9850	9.20		
0.9849	9.27	0.9810	12.16
0.9848	9.34	0.9809	12.24
0.9847	9.41	0.9808	12.32
0.9846	9.48	0.9807	12.40
		0.9806	12.48
0.9845	9.55		
0.9844	9.62	0.9805	12.56
0.9843	9.69	0.9804	12.65
0.9842	9.76	0.9803	12.73
0.9841	9.83	0.9802	12.81
		0.9801	12.90
0.9840	9.90		
0.9839	9.97	0.9800	12.98
0.9838	10.05	0.9799	13.06
0.9837	10.13	0.9798	13.15
0.9836	10.20	0.9797	13.23
		0.9796	13.31
0.9835	10.28		
0.9834	10.25	0.9795	13.40
0.9833	10.43	0.9794	13.48
0.9832	10.50	0.9793	13.56
0.9831	10.58	0.9792	13.65
		0.9791	13.73
0.9830	10.65		
0.9829	10.73	0.9790	13.81
0.9828	10.80	0.9789	13.90
0.9827	10.88	0.9788	13.98
0.9826	10.95	0.9787	14.06
		0.9786	14.15
0.9825	11.03		
0.9824	11.11	0.9785	14.23
0.9823	11.18	0.9784	14.31
0.9822	11.26	0.9783	14.40
0.9821	11.33	0.9782	14.48
		0.9781	14.56
0.9820	11.41		
0.9819	11.48	0.9780	14.65
0.9818	11.56	0.9779	14.73
0.9817	11.63	0.9778	14.81
0.9816	11.71	0.9777	14.90
		0.9776	14.98
0.9815	11.79		

Méthode par le point d'ébullition.

L'eau boût à 100° C. sous la pression normale de 760 m/m de mercure. L'eau contenant des principes en solution boût au-dessus de 100° C. L'eau alcoolisée boût en dessous de 100 Ce.

En se basant sur les données ci-dessus il sera possible de déterminer la richesse alcoolique d'une **eau** alcoolisée en se servant d'un appareil donnant exactement le point d'ébullition du liquide.

La bière tenant en dissolution d'autres principes que l'alcool, on conçoit qu'il y a lieu de faire certaines corrections. De plus l'ébullioscope est un appareil relativement coûteux.

Du reste il est préférable de se servir de la méthode par distillation pour les raisons ci-dessous :

1° Elle est la plus exacte.

2° On peut déterminer l'extrait de la bière dans **le** résidu de la distillation.

3° On peut rechercher la présence de l'acide sulfureux dans la bière, une grosse partie de ce corps passant dans le distillat.

4° On peut déterminer approximativement l'acidité volatile en dosant cette acidité dans le liquide distillé.

Méthode approximative. — Si on ne dispose **pas** d'alambic, ou bien si l'on veut se contenter d'un **résultat** approché, suffisamment exact pour la pratique, on opère de la façon suivante.

On prend la densité de la bière dépouillée de son acide carbonique et on cherche dans la table de Shultze et Ostermann ou de Schultze à quelle quantité d'extrait correspond cette densité. On a ainsi l'extrait apparent.

D'autre part on fait la tare d'une capsule de porcelaine et on y place **100** à **150** grammes de bière. **Par** l'ébullition, on réduit le volume à moitié puis on reporte la capsule et son contenu sur la balance et on rétablit l'équilibre en ajoutant de l'eau distillée, on mélange bien et on prend la densité de préférence à la balance de Wesphall et on cherche l'extrait correspondent dans la table Shultze. On a ainsi l'extrait réel. De l'extrait réel, on soustrait l'extrait apparent et on multiplie la différence par **2,225**.

Exemple :

Densité de la bière sans alcool.   .   1,0231
Densité de la bière naturelle   .   .   1,0163
    Extrait réel   .   .   .   5,9745
    Extrait apparent .   .   4,2404
    Différence .   .   .   1,7341

$$1,7341 \times 2,225 = 3,85 \; 0/0.$$

Extrait. — Dans une capsule en platine tarée, on pèse exactement 10 gr. de bière. On évapore au bain-marie, puis lorsqu'il ne reste plus que quelques centimètres cubes de liquide, on porte à l'étuve à 100°. On termine la dessication dans le vide jusqu'à poids constant. Le résultat trouvé multiplié par 10 donne l'extrait pour cent.

On peut encore rechercher l'extrait par la méthode indirecte comme il a été dit au dosage de l'alcool (page 140).

Cendres. — La capsule contenant l'extrait ci-dessus est incinérée au rouge sombre jusqu'à obtention de cendres blanches. On pèse et on ramène ce poids de cendres à 100 de bière.

Dans une bière naturelle le poids ne doit pas dépasser **0,3 0/0**. Un poids supérieur ferait présumer une addition de chlorure de sodium ou de glucose.

Recherche de l'extrait avant fermentation. — On multiplie l'alcool pour cent par **1,92** et on ajoute le nombre trouvé au poids d'extrait pour cent.

Exemple :

Alcool pour cent **3,30**
Extrait pour cent. **5,20**

L'extrait primitif sera :

$$(3,30 \times 1,92) + 5,20 = 6,33 \; 0/0.$$

Reconstitution de la densité primitive par la méthode officielle française.

Arrêté du ministère des finances du 24 janvier 1901.

A. Mesurer exactement à la température de 15° dans une fiole jaugée 250 cc. de bière.

Transvaser ces **250** cc. de bière dans un ballon en verre de **500** cc., laver à deux reprises la fiole **avec 10** cc. d'eau distillée et joindre ces eaux de lavage à la bière.

Relier le ballon à un serpentin maintenu dans l'eau froide ; chauffer avec lenteur, surtout au début **pour** empêcher la mousse de déborder. Recueillir le liquide qui distille dans la fiole jaugée, arrêter la distillation lorsque le volume atteint **170** cc. à **175** cc., **compléter** le volume à **250** cc., à la température de 15° C avec de l'eau distillée.

Agiter, verser le liquide dans une éprouvette **en** verre de **30** cm. de haut et **36** m/m. de diamètre, **pren**dre le titre à 15° au moyen de l'alcoomètre, diviser en **1/5** de degré. Noter le degré à cette température et le rapprocher de la table C annexée au présent arrêté. Le chiffre correspondant représente la densité du poids spécifique du moût transformé en alcool.

B. Verser dans la fiole de **250** cc. le résidu de la distillation qui se trouve dans le ballon ; laver le ballon deux ou trois fois avec **10** cc. ou **15** cc. d'eau distillée et compléter le volume de **250** cc. à 15°.

Agiter, verser le liquide dans l'éprouvette ; plonger dans ce liquide à 15° le densimètre et noter le degré à cette température.

C. Ajouter à la densité trouvée d'après la table C pour le produit de la distillation le degré qu'accuse au densimètre le résidu de la distillation ; la somme de ces deux chiffres représente la densité originelle ou le poids spécifique originel de la bière essayée.

Table C de la régie indiquant la correspondance entre la force alcoolique des bières et la densité originelle de la portion des moûts primitifs transformée en alcool.

Annexé à l'arrêté ministériel, 24 janvier 1901.

Degrés alcoolique des bières	Degrés (au-dessus de 100) de la densité originelle du moût transformé									
	0	0.1	0.2	0.3	0.4	0.5	0 6	0.7	0.8	0.9
0	0	0 04	0 09	0.14	0.19	0.24	0.28	0.37	0 39	0.44
1	0.50	0.55	0.61	0.66	0.72	0.78	0.84	0.90	0.96	1.02
2	1.09	1.15	1.22	1.28	1.35	1.41	1.48	1.53	1.60	1.66
3	1.72	1.78	1.84	1.91	1.97	2.03	2.10	2.16	2.22	2.29
4	2.34	2.41	2.48	2.54	2.61	2.67	2.74	2.79	2.86	2.92
5	2.98	3.05	3.12	3.18	3.25	3.32	3.39	3.46	3.53	3 60
6	3.67	3.74	3.81	3.88	3.95	4.02	4.08	4 15	4.21	4.27
7	4.34	4.40	4.47	4.52	4.58	4.64	4.70	4.76	4.82	4.88
8	4.95	5.01	5.08	5.15	5.21	5.27	5.34	5.40	5.47	5.53
9	5.59	5.64	5.71	5.77	5.83	5.88	5 94	6.	6.07	6.13
10	6.19	6.26	6.39	6.38	6.44	6.51	6.57	6.63	6.67	6.76

EXEMPLE. — La distillation a donné 4,3 0/0 d'alcool

et le résidu de la distillation, amené à 250 cc. accuse à 15° une densité de 1,9 au-dessus de 100. La table C donne une densité de 2,54 correspondant à 4,3 d'alcool ; la densité originelle du moût était :

$$2,54 + 1,9 = 4,44$$

Dosage du maltose dans la bière.

On opère comme il a été dit pour le dosage du maltose dans le moût. Comme une partie du sucre a disparu au cours de la fermentation on diluera moins. On étend 50 cc. de bière à 100 cc. avec de l'eau distillée et on opère comme pour le maltose dans le moût (page 103).

Le chiffre de maltose sera exprimé pour cent de bière et pour cent d'extrait.

Dosage de la dextrine dans la bière.

On opère de la même façon que pour la recherche de la dextrine dans le moût (page 110).

Le chiffre indiquant la dextrine se rapporte au pour cent de bière et est indiqué également pour cent de l'extrait.

Maltose dans l'extrait.

Connaissant la proportion de maltose pour cent dans la bière, ainsi que la proportion d'extrait dans la bière, il est facile de calculer le maltose dans l'extrait soit E la proportion d'extrait pour 100 gr. de bière.

M la proportion de maltose dans 100 gr. de bière. La formule ci-dessous donnera la proportion de maltose dans 100 gr. d'extrait.

$$\frac{M \times 100 \text{ gr.}}{E} = \text{Maltose dans 100 gr. d'extrait.}$$

Dextrine dans l'extrait.

On calculera de la même façon la dextrine dans l'extrait.

Soit E la proportion d'extrait pour 100 gr. de bière.

D » de dextrine pour 100 gr. de bière.

La formule ci-dessous donnera la proportion de dextrine dans 100 gr. d'extrait.

$$\frac{D \times 100}{E} = \text{Dextrine dans 100 gr. d'extrait.}$$

Degré d'atténuation.

Le degré d'atténuation est le chiffre indiquant combien de parties d'extrait sont disparues pendant la fermentation. Cette quantité est ramenée à 100 gr. d'extrait. On distingue deux sortes d'atténuation.

1° L'atténuation apparente.

Elle se calcule sur la bière non dépouillée d'alcool.

On chasse simplement l'acide carbonique en agitant la bière et on prend le degré saccharométrique avec le saccharomètre de Balling soit e ce degré, et soit E le degré saccharométrique du moût avant fermentation, le degré d'atténuation apparent sera donné par l'équation ci-dessous.

$$\text{Atténuation apparente} = \frac{E - e}{E} \times 100.$$

Exemple. — Le degré saccharométrique de la bière = 3,5 ; le moût avant fermentation marquait 9,5 ; le degré d'atténuation apparente sera de :

$$\frac{9,5 - 3,5}{9,5} \times 100 = 63 \; 0/0.$$

2° L'atténuation réelle.

Elle se calcule sur la bière privée de son alcool.

On fait la tare d'une capsule de porcelaine de 1 litre environ et on pèse 500 grammes de bière.

On évapore au bain-marie la moitié de la bière, puis on reporte la capsule sur la balance et ajoutant de l'eau distillée, on rétablit l'équilibre. On agite bien et y plonge le saccharomètre de Balling, on note le degré. Soit E, l'extrait avant fermentation donné par le saccharomètre Balling e, l'extrait après fermentation donné par le saccharomètre Balling. La quantité d'extrait disparu pendant la fermentation sera $E - e$.

Et sur 100 d'extrait on aura :

$$\frac{(E - e) \times 100}{E}$$

EXEMPLE. — Un moût marquait. . .   **12**
La bière sans alcool marque . . .   **5,3**
L'extrait fermenté est **6,7**

$$\frac{6,7 \times 100}{12} = 55,8 \ 0/0.$$

Rapport du maltose au non maltose.

On le calcule de la même façon qu'on l'a fait pour le moût (page 112).

Dosage de l'acide carbonique. — Le procédé ci-dessous est assez rapide et suffisamment exact pour la pratique.

On introduit 100 gr. de bière dans le ballon A (fig. 46). Il faut introduire la bière sans agiter afin d'éviter toute perte de gaz carbonique. Au col du ballon A se trouve fixé par l'intermédiaire d'un bouchon percé, un tube B coudé à angle droit en communication lui-même avec un tube à boules T contenant une solution de chlorure de baryum ammoniacal. On chauffe le ballon A à l'ébullition jusqu'à ce qu'il ne se

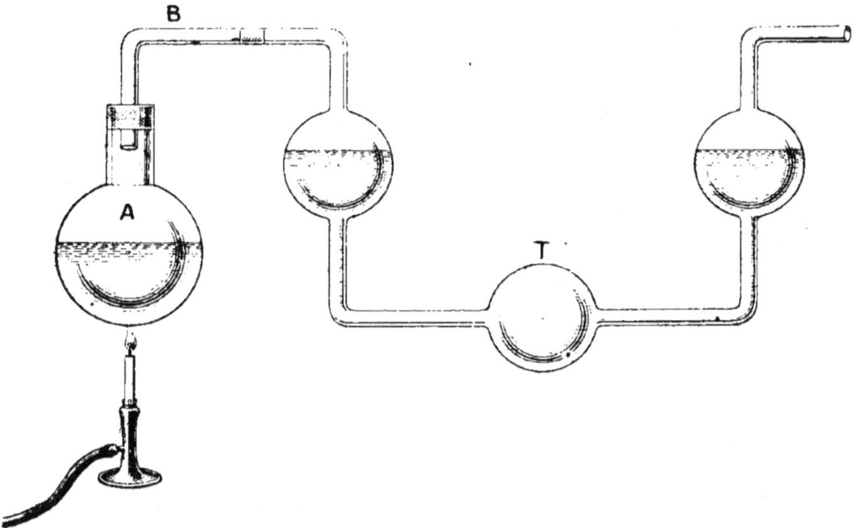

Fig. 46.

forme plus de précipité dans le tube à boules. On détache alors le tube à boules pendant que l'ébullition a encore lieu et on en déverse le contenu sur un filtre taré. On rince bien le tube avec de l'eau distillée et on déverse sur le filtre. Le précipité de carbonate de baryte est alors lavé à l'eau distillée bouillante, puis séché à l'étuve jusqu'à poids constant.

Du poids trouvé on retranche la tare du filtre et le poids de carbonate de baryte multiplié par **0,223** donnera le poids d'acide carbonique correspondant qui sera également la proportion de ce gaz dans 100 gr. de bière.

Dosage de l'acidité totale. — **100** centimètres cubes de bière sont chauffés à 35° et agités pour chasser l'acide carbonique.

On introduit de la liqueur titrée de baryte N/10 dans une burette graduée et on laisse tomber cette liqueur dans la bière additionnée de quelques gouttes de phtaleïne du phénol et ce jusqu'à coloration rouge.

Dans cette bière on fait alors tomber d'une burette graduée une solution N/10 d'acide sulfurique jusqu'à décoloration.

Soit Q la quantité d'eau de baryte employée ; soit q, la quantité d'acide sulfurique employé à la décoloration.

$Q - q$ représente la liqueur de baryte employée à saturer l'acidité de la bière. Ce volume

$Q - q \times 0$ gr. 009 = l'acide lactique dans 100 cc. de bière.

Exemple :

On emploie. . . . **12** cc. de baryte.

                  2 cc. d'acide sulfurique.

Différence . . . $\overline{10 \text{ cc.}}$

et 10×0 gr. 009 = 0 gr. 09 d'acide lactique pour 10 0 cc. d'eau.

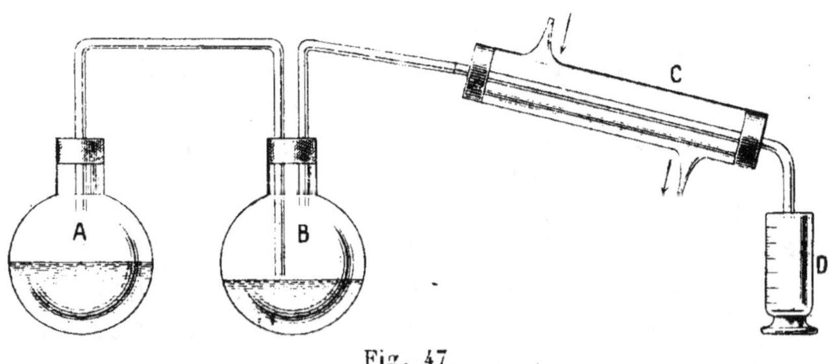

Fig. 47.

L'acidité exprimée en acide lactique ne doit pas être supérieure à 0,45 0/0.

Dosage de l'acide acétique. — Dans le ballon B, on

introduit **200** cc. de bière privée de son acide carbonique et additionnée d'un peu d'acide phosphorique. On porte le liquide du ballon B à l'ébullition. En A se trouve de l'eau portée également à l'ébullition. Les vapeurs qui se dégagent de B sont entraînées par la vapeur d'eau venant de A. Elles se condensent dans le refrigérant C et sont recueillies dans l'éprouvette graduée D. On distille ainsi à peu près **100** cc. de liquide. On titre l'acide avec la solution N/10 de potasse en prenant comme indicateur le phénol-phtaleïque. On calcule l'acide acétique en se basant sur ce que 1 cc. de potasse N/10 = **0,006** d'acide acétique.

En divisant le résultat par **2** on a l'acide acétique dans **100** cc. de bière.

Dosage de l'acide lactique. — En retranchant l'acide acétique 0/0 de l'acidité totale 0/0 on obtiendra l'acide lactique.

Dosage des matières insolubles dans l'alcool. — **200** cc. de bière sont évaporés au bain-marie jusqu'à réduction à 50 cc. environ.

On laisse refroidir et on traite par un excès d'alcool à 90° C.

L'alcool doit être ajouté tant qu'il se produit un précipité. On filtre alors sur un filtre sans cendre, taré. Le précipité est lavé à l'alcool fort puis séché à 100°.

On pèse, on déduit la tare du filtre et on obtient ainsi un poids qui divisé par **2** donne les matières insolubles 0/0 dans l'alcool (Dextrines, gommes et sels, etc.). Le filtre et son contenu sont ensuite incinérés, le poids de cendre divisé par **2** représente les cendres 0/0 insolubles dans l'alcool.

Coloration de la bière. — On se sert d'un vase spécial (fig. 43, p. **122**) divisé en deux compartiments. Dans l'un on met **100** cc. de bière à analyser, dans l'autre on met **100** cc. d'eau distillée et dans cette eau, on fait tomber goutte à goutte d'une burette graduée en **1/10** de cc. un solution titrée d'iode N/10 jusqu'à égalité de teinte.

La coloration de la bière est exprimée par la quantité d'iode ajoutée.

Si on a dû ajouter **0** cc. **6** d'iode, on dira que la coloration de la bière est de **0,6**.

Dosage de l'acide phosphorique. — **100** cc. de bière sont additionnés de **1** gr. de carbonate de soude, évaporés et incinérés. On traite les cendres par l'acide nitrique, on filtre et on précipite les phosphates par le molybdate d'ammoniaque. Le poids de molybdate trouvé multiplié par **0** gr. **219** donne le poids d'acide phosphorique dans **100** cc. de bière.

CHAPITRE VII

Falsifications de la bière.

Décret du 28 juillet 1908 relatif à l'application aux bières de la loi sur les fraudes. — Le Président de la République Française.

Sur le rapport des ministres de la Justice, de l'Intérieur, des Finances, de l'Agriculture, du Commerce et de l'Industrie.

Vu la loi du 1er août 1905 sur la répression des fraudes dans la vente des marchandises et des falsifications des denrées alimentaires et des produits agricoles, et notamment l'article 11.

Décrète :

Art. 1er. — Il est interdit de détenir ou de transporter en vue de la vente, de mettre en vente ou de vendre sous la dénomination de bière un produit autre que la boisson obtenue par la fermentation alcoolique d'un moût fabriqué avec du houblon et du malt d'orge pur ou associé à un poids, au plus égal de malt provenant d'autres céréales, de matières amylacées, de sucre interverti ou de glucose.

Art. 2. — Doit être désignée sous le nom de petite bière, la bière provenant d'un moût dont la densité est inférieure à deux degrés.

Art. 3. — Ne constituent pas des manipulations et pratiques frauduleuses aux termes de la loi du 1er août 1905 les opérations ci-après énumérées, qui ont pour objet la fabrication régulière ou la conservation de la bière.

1° La clarification, soit en chaudière, soit pendant ou après la fermentation, à l'aide de substances dont l'emploi est déclaré licite par arrêtés pris de concert par les ministres de l'Intérieur et de l'Agriculture, sur l'avis du Conseil supérieur d'hygiène publique et de l'Académie de Médecine.

2° La pasteurisation.

3° L'addition du tannin dans la mesure indispensable pour effectuer le collage.

4° La coloration au moyen du caramel ou d'extraits obtenus par torréfaction des céréales et substances dont l'emploi est autorisé, dans la fabrication de la bière, par l'article 1er du présent décret.

5° Le traitement par l'anhydride sulfureux pur provenant de la combustion du soufre ou par les bisulfites purs, à la double condition que la bière ne retienne pas plus de 50 millig. d'anhydride sulfureux, libre ou combiné par litre, et que l'emploi des bisulfites soit limité à 5 gr. par hectolitre.

Art. 4. — Est interdite l'addition à la bière de tous antiseptiques autres que l'anhydride sulfureux, les bisulfites et ceux qui pourront être ultérieurement autorisés dans les formes prévues au paragraphe 1er de l'article 3 ci-dessus.

Art. 5. — Il est interdit de détenir en vue de vente, de mettre en vente ou de vendre des produits désignés sous une appellation ou dans des termes de nature à faire croire que les boissons préparées à l'aide de ces produits peuvent être légalement mélangés à la bière, ou même vendues séparément comme bière.

Art. 6. — Les produits présentés au public, comme pouvant servir soit à la fabrication des moûts, soit aux manipulations et pratiques autorisées par l'article 3 du présent décret doivent être désignés sous une appellation faisant connaître expressément la nature et compositions de ces produits.

Art. 7. — Dans les établissements où s'exerce le commerce de détail des bières, il doit être apposé d'une manière apparente, sur les récipients, emballages, casiers ou fûts, une inscription indiquant la dénomination sous laquelle la bière est mise en vente.

Cette inscription n'est pas obligatoire pour les bouteilles ou récipients dans lesquels la bière est emportée séance tenante par l'acheteur ou servie par le vendeur pour être consommée sur place. Les inscriptions doivent être rédigées sans abréviation et disposées de façon à ne pas dissimuler la dénomination du produit.

Art. 8. — L'emploi de toute indication ou signe susceptible de créer dans l'esprit de l'acheteur une confusion sur la nature ou sur le lieu de fabrication de la bière, lorsque, d'après la convention ou les usages, la désignation de ce lieu de fabrication doit être considérée comme la cause principale de vente, est interdit en toutes circonstances et sous quelque forme que ce soit, notamment :

1° Sur les récipients et emballages.

2° Sur les étiquettes, capsules, bouchons, cachets ou tout autre appareil de fermeture.

3° Dans les papiers de commerce, factures, catalogues, prospectus, prix-courants, enseignes, affiches, tableaux-réclames, annonces, ou tout autre moyen de publicité.

Art. 9. — Un délai de six mois, à dater de la publication du présent règlement, est accordé aux intéressés pour se conformer aux prescriptions des articles 6, 7 et 8, en ce qui concerne les inscriptions réglementaires.

Art. 10. — A titre transitoire, les arrêtés ministériels prévus à l'article 3 ci-dessus pourront être pris sans le double avis préalable de l'Académie de médecine et du Conseil supérieur d'hygiène publique, sauf révision desdits arrêtés, après avis de ces deux corps, dans l'année qui suivra la publication du présent décret.

Art. 11. — Le ministre de la Justice, le ministre de l'Intérieur, le ministre des Finances, le ministre de l'Agriculture, le ministre du Commerce et de l'Industrie sont chargés, chacun en ce qui le concerne, de l'exécution du présent décret, qui sera publié au *Journal officiel* de la République Française et inséré au *Bulletin de lois.*

Glucose. — Procédé de M. Griéssmayer. — On dialyse 1 litre de bière. Le sucre et la gallisine (matière insoluble du glucose) traversent la membrane du dialyseur. Le liquide dialysé est additionné de levure fraîche de bière bien lavée. Lorsque la fermentation est terminée, le sucre a disparu.

On décolore alors le liquide s'il y a lieu avec un peu de noir animal et on polarise.

Une déviation à droite due à la gallisine indique le glucose.

Bois de réglise. — Pour le procédé Kayser, on évapore 1 litre de bière à moitié de son volume au bain-marie. On laisse refroidir et on traite par un grand excès de sous-acétate de plomb, concentré, on laisse reposer 24 heures. Le précipité formé est recueilli sur un filtre lavé à l'eau distillée. Le précipité est recueilli sur le filtre et introduit dans un ballon avec de l'eau distillée de façon à faire un volume de 350 cc. environ. On chauffe au bain-marie pendant une heure et dans le liquide chaud on fait passer un courant d'hydrogène sulfuré jusqu'à précipitation complète de tout le plomb ;

pendant le passage du gaz sulfuré, il faut agiter de temps en temps le ballon.

On jette ensuite le tout sur un filtre et on lave jusqu'à ce que toute odeur sulfurée ait disparu. Le principe actif du bois de réglise, l'acide glycyrrhizique est retenu par le sulfure de plomb. On l'extrait de la façon suivante :

Le sulfure de plomb est introduit dans un petit ballon avec 200 cc. d'alcool à 50° GL et maintenu à l'ébullition pendant 30 minutes environ. Il est bon de munir le ballon d'un réfrigérant ascendant pour récupérer les vapeurs d'alcool. On filtre ensuite, le liquide clair contient l'acide glycyrrhizique. On évapore ce liquide jusqu'à réduction à quelques centimètres cubes. On laisse alors tomber dans ce liquide quelques gouttes d'ammoniaque étendue, il se forme du glycyrrhizate d'ammoniaque et le liquide prend une teinte foncée.

On évapore à sec pour chasser l'ammoniaque libre et on reprend par 2 cc. environ d'eau distillée. On filtre, le liquide filtré présente le goût du bois de réglise, si la bière a été brassée avec ce succédané.

Glycérine. — La méthode de Glausnitzer est la plus employée.

On évapore au bain-marie 100 cc. de bière jusqu'à consistance sirupeuse, on ajoute alors au sirop une poudre obtenue en mélangeant intimement 3 gr. de chaux éteinte et 10 gr. de sable blanc, on mélange intimement avec un agitateur en verre puis la masse est séchée à l'étuve à 105-110° C. On porte ensuite la poudre

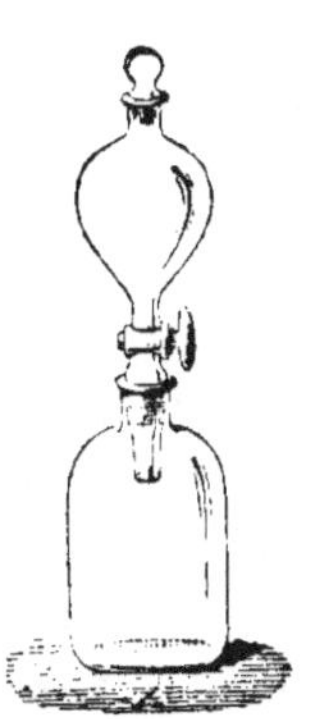

Fig. 48.

sèche, sans en perdre, dans un mortier en bronze et on pulvérise finement. On porte alors sur un filtre dans un appareil à extraction de Reischauer (fig. 48) et on traite par 100 cc. d'alcool à 90° pendant 10 heures.

Au bout de ce temps, la glycérine est passée en solution dans l'alcool avec d'autres principes. On retire alors l'alcool de l'appareil et on l'évapore de façon à avoir 50 cc. de liquide, on laisse refroidir et on ajoute 40 cc. d'éther sulfurique et on agite. On précipite ainsi les matières albuminoïdes, dextrines, etc. On laisse reposer 1 heure 1/2 à 2 heures. On filtre et le liquide coule dans une capsule tarée. Le filtre est lavé deux fois par un liquide composé de 200 cc. d'alcool pour 500 cc. d'éther, le liquide coule encore dans la capsule tarée. On évapore au bain-marie puis on sèche à l'étuve à 110° jusqu'à poids constant. Le poids trouvé indique la glycérine contenue dans 100 gr. de bière. Dans une bière naturelle cette proportion ne doit pas dépasser 0 gr. 6 de glycérine pour cent.

Saccharine. — Dans un ballon de deux litres environ, on verse 250 cc. de bière incriminée, on y ajoute 10 cc. de perchlorure de fer médicinal et on agite le tout vigoureusement pendant deux minutes environ.

D'autre part, dans un grand mortier, on s'est préparé une pâte semi-fluide de carbonate de chaux précipité et d'eau distillée.

On verse, par petite portion, le liquide laiteux de carbonate de chaux dans le ballon contenant la bière traitée au perchlorure de fer, en ayant soin d'agiter chaque fois quelques secondes. On laisse reposer, alors, un instant, et on regarde par transparence le fond du ballon qui doit présenter un dépôt rougeâtre. On ajoute alors une nouvelle portion de carbonate de chaux et on répète la manipulation ci-dessus, jusqu'à ce que le dépôt présente soit une masse blanche, soit des stries blanchâtres : Le carbonate de chaux est alors en léger excès.

On agite encore une fois et on jette le liquide sur

un filtre en papier disposé dans un entonnoir. Le liquide qui filtre doit être complètement incolore ; il est bon de repasser sur le filtre les premières portions de liquide filtré. On en recueille ainsi à peu près 300 cc.

Le liquide recueilli ci-dessus est porté dans un tube à brome à décantation ; on met 8 à 10 cc. d'acide phosphorique sirupeux et on ajoute 150 cc. d'éther sulfurique lavé à l'eau. On agite vivement le tube à brome en enlevant de temps en temps le bouchon pour laisser échapper la vapeur d'éther. Après quelques minutes d'agitation, on place la boule à brome sur son support et on laisse reposer quelques minutes. Le liquide ne tarde pas à se séparer en deux couches. Le liquide inférieur est formé par la bière traitée comme il a été dit précédemment ; la couche supérieure est constituée par l'éther, qui retient en solution la saccharine contenue dans la bière.

On ouvre alors le robinet du tube à brome et on laisse couler dans un vase, la partie inférieure du liquide ; puis on recueille de la même façon, la couche liquide supérieure constituée par l'éther.

On reporte une seconde fois la bière traitée dans le tube à brome et on la traite comme il a été déjà fait, par 150 cc. d'éther sulfurique. On décante et les deux portions d'éther provenant des deux opérations, sont réunies et jetées sur un filtre en papier contenu dans un entonnoir, de façon à absorber les traces d'eau pouvant exister dans l'éther. Le filtrat est recueilli dans une capsule et évaporé avec beaucoup de précautions et loin de toute flamme. On pousse l'évaporation jusqu'à obtention d'un extrait presque sec. Il suffit alors pour déceler la saccharine de goûter le produit : *une saveur sucrée persistante, indique la saccharine.*

Il se pourrait que le goût sucré de la saccharine soit masqué par les résines ameres du houblon. Dans ce cas, on détruit ces résines de la façon suivante :

On ajoute 10 cc. d'eau distillée à l'extrait éthéré et trois gouttes d'acide sulfurique étendu au 1/3. Puis on laisse tomber, goutte à goutte, dans ce liquide, une solution de permanganate de potasse (0 gr. 500 par litre d'eau) jusqu'à coloration persistante. On chauffe au bain-marie à 56° centigrade, pendant 3 minutes ; si le liquide se décolore, il faut ajouter, à nouveau, quelques gouttes de permanganate.

On porte ensuite le liquide dans le tube à brome avec 150 cc. d'éther filtré comme tout à l'heure. On agite, on décante et on évapore toujours avec les mêmes précautions. On goûte le résidu de l'évaporation qui est sucré, si la bière a été falsifiée avec la saccharine.

Dans l'ancienne méthode, on transformait la saccharine ainsi obtenue en acide salycilique, qui donne une réaction colorée avec le perchlorure de fer ; mais cette méthode ayant donné des mécomptes, est abandonnée aujourd'hui, et on se contente du goût sucré persistant de la saccharine, qui est typique.

Voici, à titre d'indication, comment on procédait :

Le résidu éthéré était repris par 10 cc. d'eau et par 1 cc. de lessive de soude concentrée. On portait le tout dans un petit creuset en porcelaine ou en argent et on chauffait au bain de sable 15 minutes à 250° C.

Au bout de ce temps, on reprenait par un peu d'eau bouillante, puis on ajoutait de l'acide phosphorique en excès pour décomposer la salycilate de soude formé. On épuise par l'éther, on évapore comme nous l'avons fait tantôt, on reprend par 5 cc. d'eau et on laisse tomber dans le liquide, une goutte de perchlorure de fer dilué. Une coloration violette intense indique la saccharine. Cette réaction n'est plus employée dans la recherche de la saccharine, justement parce que certaines résines du houblon donneraient, parait-il, une réaction colorée avec le perchlorure de fer.

Il est à noter qu'il n'est pas indifférent de prendre une lessive de soude ou de potasse pour transformer la saccharine en acide salycilique, ainsi que le disent certains traités, car, la réaction n'a pas lieu avec la potasse.

Acide sulfureux. — L'acide sulfureux peut provenir soit du houblon soufré, soit du malt touraillé avec des charbons pyriteux soit des tonneaux soufrés, soit de l'acide sulfureux contenu dans les clarifiants soit enfin des sulfites (kalium, etc.) introduits dans la bière à titre d'antiseptique. **200** cc. de bière sont additionnés de **10** cc. d'acide phosphorique sirupeux et introduits dans le ballon A (fig. 49) porté à l'ébullition pendant qu'un

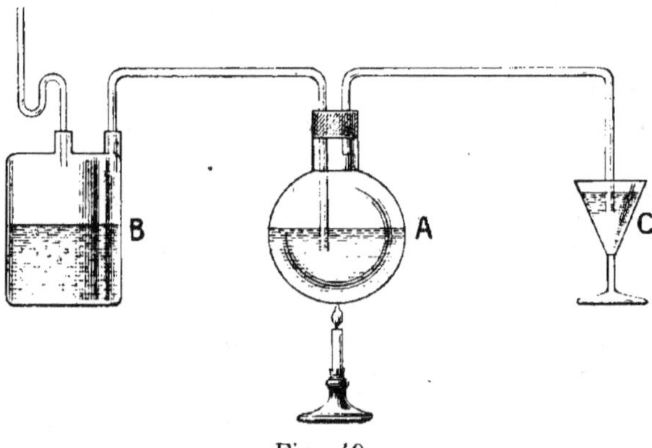

Fig. 49.

courant d'acide carbonique provenant de l'appareil B entraîne dans le vase C les vapeurs qui se dégagent de A. Le vase C contient de l'eau iodée. On distille ainsi 125 à 130 cc. de liquide. L'acide sulfureux qui arrive dans l'eau iodée est oxydé et transformé en acide sulfurique.

L'eau iodée doit rester colorée, si elle avait une tendance à se décolorer il faudrait ajouter de l'eau iodée. On porte alors ce liquide additionné de 5 cc. d'acide chlorhydrique pur, à l'ébullition pendant 10 minutes et on ajoute au liquide chaud un excès de solution de chlorure de baryum à 200 gr. par litre. On précipite ainsi l'acide sulfurique à l'état de sulfate de baryum. On fait bouillir très lentement le liquide ci-dessus pendant 2 heures en évitant toute perte par projection, il faut que l'ébullition soit extrêmement lente.

Au bout de ce temps, on verse le liquide sur un filtre sans cendre, on rince le ballon à l'eau distillée et les eaux de lavage sont versées sur le même filtre. On lave le filtre à l'eau distillée bouillante jusqu'à élimination de toute trace de chlorure de baryum. On sèche le filtre à l'étuve et on incinère.

Du poids trouvé on déduit les cendres du filtre et on multiplie le reste par 0,274 puis on divise par 2. On a ainsi l'acide sulfureux pour cent.

Si on veut obtenir l'acide sulfureux par litre de bière, on multiplie le résultat par 5. On a ainsi l'acide sulfureux total dans la bière. Les règlements d'hygiène tolèrent 50 mmg. d'acide sulfureux par litre de bière.

Arrêté fixant les méthodes que doivent suivre les laboratoires officiels pour la recherche des antiseptiques et des édulcorants dans les boissons et denrées alimentaires.

Les principaux antiseptiques qu'on peut rencontrer à l'état pur ou à l'état de sel, ou à l'état de combinaison dans les aliments liquides ou solides sont les suivants : acide sulfureux et sulfites, fluorures, fluoborates, chromates alcalins, acide borique, acide salicylique, acide benzoïque, dérivés du naphtol, formol et dérivés.

Comme édulcorants, on peut avoir à rechercher la saccharine, la sucramine, la dulcine et la glucine.

I. — *Recherche des antiseptiques.*

Acide sulfureux.

L'acide sulfureux et les sulfites alcalins, principalement les bisulfites, sont souvent employés pour la conservation des liquides ou des substances fermentescibles. On pourra, pour la recherche et le dosage de l'anhydride sulfureux, se conformer à la méthode indiquée pour le vin.

D'une manière générale, on peut employer le procédé suivant :

Analyse quantitative. — Pour rechercher l'acide sulfureux, on fait passer dans les liquides, légèrement acidifiés par un peu d'HCl un courant d'hydrogène, et l'on recueille les gaz dans une solution très diluée d'iodure de potassium iodurée. L'entraînement de l'acide sulfureux peut être activé en chauffant légèrement. Si la proportion est assez grande, on constate une décoloration de l'iode ; dans tous les cas, que cette décoloration se produise ou non, on reconnait la présence de l'acide sulfureux en ajoutant dans la liqueur quelques gouttes d'une solution de chlorure de baryum, qui donne un précipité de sulfate de baryum par la transformation de l'acide sulfureux en acide sulfurique.

Dosage. — En opérant de la sorte et en prolongeant l'opération assez longtemps pour que les gaz qui se dégagent ne réagissent plus sur l'iodure de potassium ioduré, ce qu'on vérifiera en changeant le tube abducteur et le réactif, on pourra doser à l'état de sulfate de baryum l'acide sulfurique formé et en déduire la proportion de l'acide sulfureux.

Fontaine   11

Une partie de sulfate de baryte correspond à 0,275 d'anhydride sulfureux.

Fluorures.

Les composés du fluor doivent être recherchés dans la plupart des matières alimentaires, boissons, sirops, confitures, conserves, beurres, graisses, etc.

Pour rechercher les fluorures et les fluoborates, on calcine en présence de la chaux les résidus de l'évaporation du vin, de la bière, etc., ou des liquides de digestion s'il s'agit d'une substance solide ; s'il s'agit de beurre ou d'une matière grasse analogue, on le fera fondre doucement ; on prélèvera avec un tube étiré le liquide aqueux trouble, séparé à la partie inférieure, et, après l'avoir évaporé à siccité, en présence d'un peu de chaux, on calcinera le résidu.

Si la substance alimentaire a été additionnée d'un fluorure simple, tel que le fluorure d'ammonium, d'un fluoborate ou d'un fluosilicate, les cendres obtenues contiendront le fluor à l'état de fluorure de calcium ; en outre, dans les deux derniers cas, elles renfermeront du borate ou du silicate de chaux. On traite ensuite les cendres en les chauffant pendant dix minutes au bain-marie avec un peu d'eau acidulée par l'acide acétique (environ 5 0/0) qui dissout le borate de chaux s'il s'en trouve. La solution acétique est ensuite évaporée à siccité, après neutralisation et l'acide borique est recherché dans le résidu comme il est dit plus loin.

Le résidu insoluble est desséché par calcination et introduit avec un peu de silice précipitée, ou mieux de silicate de chaux, dans un petit creuset ; on humecte avec un peu de SO^4H^2 concentré ; puis on recouvre le creuset avec une plaque de verre sur la face inférieure de laquelle on a préalablement déposé, au moyen d'un agitateur, une gouttelette d'eau. Dans le cas où la cendre renferme un composé fluoré, on voit apparaître, après quelques instants, une auréole de silice sur les bords de la gouttelette d'eau. La réaction se produit sans qu'il soit nécessaire de chauffer.

Chromates alcalins.

La recherche des chromates se fait dans les cendres, qui sont colorées en jaune pour des doses d'acide chromique supérieures à 1/100.000.

Pour les doses plus faibles, on peut opérer de la manière suivante : on évapore le liquide à analyser et l'on fait une incinération du résidu dans une capsule de porcelaine jusqu'à ce qu'on ait des cendres blanches. Après refroidissement, on arrose celles-ci avec quelques centimètres cubes d'eau distillée, et l'on verse le tout sur un filtre. Le liquide, complètement incolore dans le cas ordinaire, est coloré en jaune, s'il y a des chromates.

Le chrome est caractérisé au moyen de la réaction de Barreswil : on acidule le liquide contenu dans un tube à essai on ajoute deux ou trois gouttes d'eau oxygénée, et l'on agite avec un peu d'éther dilué, qui dissout l'acide perchromique et forme à la partie supérieure une couche colorée en bleu.

Acide borique.

L'acide borique est fréquemment ajouté dans les aliments, notamment dans les beurres et les viandes. On le recherche par le procédé suivant :

La substance est incinérée jusqu'à ce que tout le

charbon soit brûlé ; s'il s'agit d'un vin, on opère sur un volume constant de 25 cc. L'acide borique qu'on peut rencontrer dans les matières alimentaires se trouve généralement en présence d'une quantité de bases alcalines et terreuses assez grande pour que les pertes par volatilisation soient négligeables. S'il n'en était pas ainsi, il suffirait d'ajouter une trace de carbonate alcalin.

Dans le cas d'une matière grasse, tel que le beurre, au lieu d'incinérer la substance, il sera préférable de la faire fondre et de l'épuiser par de l'eau tiède contenant un ou deux centigr. de carbonate de soude, l'eau sera ensuite évaporée et le résidu calciné légèrement.

Les cendres sont traitées par des volumes déterminés de SO^4H^2 et d'alcool méthylique. 1 cc. de SO^4H^2 suffit pour humecter les cendres de 25 cc. de vin.

On égoutte dans un petit ballon le liquide qui peut en être séparé et on lave le fond du vase avec 3 cc. d'alcool méthylique ajoutés en deux ou trois fois, en réunissant dans le ballon ces portions successives. On bouche aussitôt le ballon, et on l'adapte à un réfrigérant ; on chauffe le mélange jusqu'à apparition de vapeur blanche de SO^4H^2, et l'on enflamme de suite le liquide distillé, recueilli en évitant une évaporation partielle, après l'avoir transvasé dans une petite soucoupe. La flamme, surtout lorsqu'on l'observe en se plaçant devant un fond noir et en évitant une lumière trop intense, est déjà très nettement colorée en vert, principalement au début, par une quantité d'acide borique ne dépassant pas un dixième de milligramme.

Acide salicylique.

La recherche de l'acide salicylique se fait au moyen du perchlorure de fer, qui donne une coloration violette et très nette avec des traces excessivement faibles d'acide salicylique. La solution de perchlorure de fer doit être rigoureusement neutre, car il suffit de traces d'acides minéraux pour empêcher la réaction de se produire ; aussi doit-elle être très étendue, parce que la solution concentrée contient souvent des traces d'HCl. Elle doit être préparée au moment de l'emploi en diluant une solution de perchlorure de fer aussi neutre que possible, jusqu'à ce que sa coloration soit à peine sensible. L'addition de perchlorure de fer doit se faire avec précaution, un excès de réactif faisant disparaitre la coloration.

La recherche de l'acide salicylique ne se fait qu'après une extraction préalable, qui varie selon la substance qui le renferme.

S'il s'agit d'un produit liquide renfermant peu de tannin, on acidule par HCl ou SO^4H^2 et l'on agite avec de la benzine dans une petite boule à décantation. Si le produit contient du tannin on l'élimine par addition ménagée d'acétate neutre de plomb, qui laisse la liqueur légèrement acide.

La recherche de l'acide salicylique dans le lait doit se faire en caillant préalablement celui-ci par l'acide acétique et en épuisant par la benzine les liquides filtrés et acidulés.

Les corps gras, beurre, margarine, graisse alimentaire, sont fondus, agités avec de l'eau alcalinisée par le bicarbanate de sodium, de façon à transformer l'acide salicylique en sel alcalin. Après séparation de l'eau, on acidifie, et l'on traite par la benzine.

Les substances solides, viande, saucisson, etc., sont préalablement hachées et mises en contact avec de l'eau alcalinisée. L'extraction à la benzine se fait ensuite comme précédemment.

Dans toutes ces manipulations, il faut avoir soin

d'éviter la formation d'une émulsion plus ou moins gênante : pour cela, il faut avoir soin d'agiter doucement le liquide avec la benzine. On évite toute émulsion en faisant rouler les deux couches de liquides dans un tube de 2 à 3 cm. de diamètre sur 20 à 30 cm. de longueur, qu'on fait tourner horizontalement autour de son axe. L'acide salicylique étant ainsi extrait au moyen de la benzine il suffit pour reconnaître sa présence, d'agiter la solution benzénique, amenée par concentration à environ 20 cc. dans un tube à essai avec 5 cc. de la solution étendue de perchlorure de fer.

Acide benzoïque.

A cause de la faible solubilité de l'acide benzoïque dans l'eau froide, on est obligé de l'extraire des aliments où on le recherche au moyen de l'alcool, de l'éther ou d'une eau alcaline. Lorsqu'on fait usage d'alcool ou d'éther, on évapore le dissolvant (recherche de l'odeur, sublimation sur une fraction du résidu et détermination du point de fusion, si possible) et l'on reprend le résidu par l'eau chaude.

Recherche par la formation du benzoate de fer. — Le liquide, exactement neutralisé, est additionné de perchlorure de fer, qui donne un précipité caractéristique.

Recherche par la formation d'acide métadinitrobenzoïque. — Le résidu, chauffé avec l'acide sulfurique (acide sulfobenzoïque) et avec quelques gouttes de nitrate de potassium, donne l'acide métadinitro-benzoïque ; la sursaturation de cet acide par l'ammoniaque produit une coloration jaune, qui devient rouge en présence du sulfure d'ammonium (acide ammonium-métadiamido benzoïque).

Abrastol et dérivés du naphtol.

L'abrastol est le sel de calcium du sulfate acide de naphtyle β $(C^{10}H^7OSO^3)^2Ca$.

On extrait l'antiseptique du liquide où il a été introduit au moyen d'un épuisement par l'éther acétique, ou mieux par l'alcool amylique, après avoir, s'il s'agit d'un vin, rendu la réaction légèrement alcaline, afin d'éviter la dissolution d'une partie de la matière colorante du vin dans l'alcool amylique.

On agite doucement, pour éviter de produire une émulsion, pendant une à deux minutes, 50 cc. de liquide à essayer, alcalinisé par quelques gouttes d'ammoniaque, avec environ 10 cc. d'alcool amylique, et on laisse reposer pendant quelques instants ; si la séparation de l'alcool amylique ne se fait pas nettement, on l'obtient rapidement en ajoutant quelques gouttes d'alcool et en agitant légèrement.

On décante l'alcool amylique, on le filtre, s'il n'est pas bien limpide et on l'évapore au bain-marie dans une petite capsule. L'abrastol reste comme résidu plus ou moins mélangé de matières étrangères, dont la présence ne gêne pas la réaction. On verse sur ce résidu 1 cc. d'AzO^3H étendu de son volume d'eau, en ayant soin d'en humecter toutes les parties ; on chauffe au bain-marie jusqu'à ce que le liquide soit réduit de moitié environ ; on transvase dans un tube à essai, et l'on ajoute environ 1 cc. d'eau, avec laquelle on lave d'abord la capsule. L'action d'AzO^3H a déterminé la production d'un composé nitré qui colore l'eau en jaune. En réduisant ce composé nitré, on obtient une substance colorante rouge.

Pour opérer la réduction, on introduit dans le tube à essai environ 0 gr. 2 de sulfate ferreux et, après dissolution, de l'ammoniaque étendue de son volume d'eau goutte à goutte, jusqu'à production d'un précipité permanent.

On ajoute enfin 5 cc. d'alcool pour précipiter des matières jaunes et le sel ferrique, et quelques gouttes de SO^4H^2, on agite, on laisse reposer et l'on filtre.

Les vins purs donnent ainsi un liquide incolore ou légèrement jaunâtre ; les vins contenant de l'abrastol donnent un liquide plus ou moins rouge, suivant la proportion de cet antiseptique. La coloration est sensible avec des vins ne contenant que 0 gr. 015 d'abrastol. En présence de l'acide salicylique, le procédé précédent pourrait donner une réaction colorée présentant une certaine analogie avec celle de l'abrastol ; mais la coloration est orangé au lieu d'être rouge, et la réaction est beaucoup moins sensible. On n'obtient qu'une teinte à peine marquée avec un vin contenant 0 gr. 1 d'acide salicylique par litre ; on peut, du reste, distinguer ce dernier en ajoutant une goutte de perchlorure de fer très étendu sur le résidu de l'alcool amylique. Avec l'acide salicylique, on obtient une coloration bleue qui disparaît à chaud. Si les deux antiseptiques se trouvaient réunis l'acide salicylique n'existerait du reste jamais en quantité assez grande pour empêcher de caractériser la présence de l'abrastol.

La réaction est complètement masquée lorsqu'on se trouve en présence de la fuchsine S, de la safranine et de l'orangé II ; elle l'est plus ou moins par les éosines, l'orange, les jaunes de naphtol, la citronine, le bleu de méthylène et le bleu alcalin ; mais il est facile d'éliminer ces matières colorantes ; si l'alcool amylique est coloré après le traitement de la substance alimentaire, il suffit, l'évaporation terminée, de reprendre le résidu par l'acide acétique très dilué, ou dans le cas du bleu alcalin, par de l'ammoniaque étendue d'eau, et d'évaporer de nouveau à siccité sur un mouchet de laine blanche. En reprenant par l'eau, on dissout l'abrastol seul, et l'on termine comme en présence de matière colorante.

Le même traitement permettra de caractériser la présence du naphtol β et ses dérivés.

Aldéhyde formique.

L'aldéhyde formique est surtout utilisé pour la conservation du lait, mais on peut aussi la trouver dans d'autres aliments et boissons, comme les viandes, les fruits conservés et le cidre. On la recherche par les réactifs suivants, qui fournissent directement des colorations.

Recherche par la phloroglucine. — On fait usage d'une solution de phloroglucine complètement incolore à 1 gr. par litre, et d'une solution à 10 0/0 de NaOH. On verse dans un tube à essai 5 cc. environ de lait, et 2 à 3 cc. de la solution de phloroglucine ; on agite, puis on ajoute 1 à 2 cc. de la solution alcaline.

Quand le lait est pur, le mélange prend une teinte blanc verdâtre et devient semi-transparent : si le lait est additionné de formol, il se développe une coloration rose-saumon, fugace, qui disparaît au bout de quelques minutes. La coloration est très vive avec du lait formolé à la dose de 1/100.000, elle est encore nette à 1/500.000 ; on peut encore la percevoir au millionième ; par comparaison avec un lait pur.

Recherche par le phénol. — On distille environ 100 cc. de lait, et l'on recueille 20 à 25 cc. de liquide.

Au distillatum, on ajoute quelques gouttes d'une solution aqueuse très diluée de phénol, et l'on verse SO^4H^2 concentré de telle façon que les deux liquides se mélangent aussi peu que possible. En présence de la formaldéhyde, il se produit un anneau rouge carmin au contact des deux liquides.

Recherche par le perchlorure de fer. — Le lait formolé, traité par son volume de SO^4H^2 et quelques gouttes de perchlorure de fer, développe, surtout à chaud, une magnifique coloration violette.

Cette réaction est très sensible et permet facilement de reconnaître le lait formolé à la dose de 1/100.000.

Les réactions qui précèdent étant communes à plusieurs aldéhydes, on caractérise l'aldéhyde formique par le procédé suivant.

Procédé Trillat. — Ce procédé consiste à combiner l'aldéhyde formique avec la diméthylaniline et à oxyder la base ainsi obtenue par le bioxyde de plomb ; on obtient une coloration bleue, stable à l'ébullition et correspondant à une réaction nettement définie. La diméthylaniline doit être rigoureusement rectifiée (point d'ébullition 192°). On la conserve dans des flacons bouchés à l'abri de l'air et de la lumière. On distille 100 cc. du liquide contenant le formol, de manière à obtenir environ 25 cc. de liquide distillé. Celui-ci est additionné d'un demi cc. de diméthylaniline et de 5 cc. de SO^4H^2 à 1 0/0, dans un petit flacon qu'on bouche et qu'on place sur un bain-marie à une température d'environ 50°. Après une heure de chauffage, la condensation est terminée ; on verse le contenu du flacon dans un ballon d'un demi-litre. On étend à environ 100 cc. et l'on alcalinise fortement avec 5 cc. de lessive de soude. On relie le ballon d'une part avec un récipient contenant de l'eau, et, d'autre part, avec un réfrigérant incliné ; on chauffe le ballon, et, l'on fait passer en même temps un violent courant de vapeur d'eau de manière à chasser complètement la diméthylaniline, ce qu'on reconnaît lorsqu'il ne passe plus de gouttelettes huileuses (durée du passage de la vapeur environ dix minutes). La base résultant de la combinaison de la diméthylaniline et du formol reste dans le résidu. Il suffit, pour une recherche qualitative, d'aciduler le liquide avec l'acide acétique, d'en prélever quelques centimètres cubes et d'ajouter une trace de bioxyde de plomb en suspension dans l'eau (**2 à 3 gr.** en suspension dans **100 cc.** d'eau) pour voir apparaître à l'ébullition la coloration bleue, caractéristique de l'hydrol qui disparaît à froid et reparaît à chaud. Pour doser la formaldéhyde, on opère sur la totalité du liquide alcalin, qu'on traite par l'éther. Par évaporation de l'éther, on obtient les cristaux de tétraméthyldiamidodiphénylméthane, du poids desquels on déduit celui de l'aldéhyde formique : $CH^2(C^6H^4Az.2CH^3)^2$.

Recherche de la formaldéhyde polymérisée. — La formaldéhyde peut se rencontrer dans les aliments à l'état polymérisé, soit qu'on l'ait ajoutée à cet état, soit que la polymérisation se soit produite spontanément. Dans ce cas, par suite de son insolubilité complète dans l'eau, les réactions colorées donnent souvent un résultat négatif. On devra, dans ce cas, avoir recours au procédé à la diméthylaniline, qui dipolymérise le trioxyméthylène.

Recherche des édulcorants

Saccharine. — La saccharine (sulfimide benzoïque $C^6H^4SO^2COAzH$) est couramment utilisée dans les aliments liquides ou solides, non comme édulcorant, mais comme antiseptique.

Le produit ou le liquide provenant d'un épuisement par l'eau ou l'alcool est évaporé ou soumis à la distillation, pour en séparer l'alcool ; on ajoute ensuite un excès d'acétate neutre de plomb en milieu acide (si le liquide n'est pas suffisamment acide, on ajoute 1 0/0 d'acide acétique cristallisable).

L'excès de plomb est séparé de la solution par précipitation à l'aide d'un excès de SO^4H^2 ; on filtre ensuite. La solution acide ainsi obtenue est épuisée à trois reprises par agitation chaque fois avec moitié de son volume d'éther.

On évapore ce dissolvant, puis on reprend le résidu par 10 cc. de SO^4H^2 à 10 0/0, et l'on chauffe au bain-marie, en ajoutant peu à peu du permanganate de potasse, en solution saturée, jusqu'à coloration persistante.

La liqueur ainsi obtenue, quelle qu'ait été sa composition primitive, ne peut contenir ni acide salicylique, ni éther salicylique, ni aucun produit capable de masquer soit le goût, soit les réactions de la saccharine. Elle est alors agitée trois fois avec moitié son volume de benzine. La solution benzénique décantée et filtrée est évaporée à siccité.

Le résidu est repris par **2** cc. d'eau chaude. Une goutte de la solution est prélevée pour rechercher la saveur sucrée. Si le résultat est positif, le reste de la liqueur est versé dans un tube à essai, et la capsule est rincée avec **2** cc. d'une solution de soude à **3** 0/0 de NaOH. Les liqueurs réunies sont évaporées à siccité, en ayant soin d'éviter que l'opération soit trop longue, par crainte de carbonatation totale de l'alcali. Le tube à essai est alors relié à un thermomètre soit sur un même plan que le fond du tube Le tout est porté dans un bain de soudure des plombiers, préalablement chauffé, et y est maintenu pendant une minute à **270°**. Le résidu est dissous dans SO^4H^2 à **10** 0/0 ; la solution est agitée avec la benzine ; celle-ci décantée et filtrée est agitée avec **1** cc. de la solution ferrique employée pour la recherche de l'acide salicylique. On observe la coloration violette caractéristique de la présence de l'acide salicylique, si le produit traité contenait de la saccharine.

Sucramine et dérivés de la saccharine

La sucramine, qui est le sel ammoniacal de la saccharine, présente tous les caractères de la saccharine, sauf la solubilité dans les dissolvants de la sulfimide.

En solution aqueuse, elle ne passe pas dans l'éther ou la benzine lorsqu'on l'agite avec ces dissolvants ; il est donc nécessaire d'acidifier par SO^4H^2 avant de procéder à l'épuisement.

Dulcine

La dulcine ou paraphénétolcarbamide $C^2H^5O.C^6H^4$. $AzH.CO.AzH^2$ est jusqu'ici moins répandue que la saccharine.

La matière est directement traitée par le chloroforme, qui extrait la dulcine. S'il s'agit d'un liquide, comme le vin, on l'additionne de carbonate de plomb, et l'on évapore au bain-marie pour obtenir une pâte épaisse. Le résidu est traité par l'alcool ; l'extrait alcoolique évaporé à siccité est épuisé à plusieurs reprises par l'éther. L'extrait éthéré, filtré, laisse déposer la dulcine à l'extrait pur. On peut la reconnaître par son goût sucré et par son point de fusion (**173-174°**). On la caractérise en outre par les réactions suivantes :

a) La dulcine est mise en suspension dans un peu d'eau ; on ajoute 5 à 8 gouttes d'une solution de nitrate de mercure exempte d'AzO^3H, puis on chauffe pendant 8 à 10 minutes au bain-marie bouillant. Il se forme une faible coloration violette, qui s'accroit par addition d'une petite quantité de peroxyde de plomb).

b) La dulcine est chauffée peu de temps avec 3 à 4 gouttes de phénol et de SO^4H^2 concentré, puis, étendue avec de l'eau et additionnée d'ammoniaque. A la surface de contact des deux liquides, non miscibles immédiatement, il se forme une zone bleue.

Acide salicylique?

Procédé Roese

100 cc. de bière sont additionnés de 5 cc. d'acide sulfurique au quart et additionnés de 100 cc. d'éther sulfurique et 100 cc. d'éther de pétrole.

On agite dans la boule à brome. Au bout de quelques minutes d'agitation, on décante la couche inférieure, qu'on rejette, tandis que la couche supérieure coule sur un filtre. Le liquide filtré est distillé avec beaucoup de précaution pour éviter une explosion. Lorsqu'il ne reste plus que quelques centimètres cubes de liquide, on ajoute 2 ou 3 cc. d'eau distillée et une goutte de perchlorure de fer officinal. On filtre sur un filtre mouillé qui retient les résines du houblon et si le liquide coule coloré en violet c'est l'indice de la présence d'acide salicylique. Par cette méthode on décèle 1/10 de milligramme d'acide salicylique par litre de bière. Or les bières aseptisées par ce produit en contiennent toujours 10 à 20 mgr. par litre.

Succédanés du houblon

Les succédanés du houblon sont nombreux, toutes les substances amères peuvent être employées concurremment avec le houblon. Il est bien rare que le brasseur ait recours à cette fraude.

Méthode de Dragendorff et Kubicki. — On réduit au bain-marie **2** litres de bière à moitié de son volume. Au liquide encore chaud on ajoute de l'acétate de plomb basique tant qu'il se produit un précipité ; on filtre rapidement.

Le précipité qui se trouve sur le filtre contient le principe amer du houblon.

Au filtrat, on ajoute 40 à 50 gouttes de solution de gélatine à 5 0/0, puis on précipite le plomb en excès par l'acide sulfurique.

La gélatine active simplement la précipitation. Si le liquide filtré n'est pas amer c'est que la bière ne contient pas de succédanés du houblon. On ajoute alors au filtrat de l'ammoniaque pour saturer tout l'acide sulfurique et une partie de l'acide acétique. On réduit ensuite le liquide au bain-marie jusqu'à **250** cc. et ajoute 1 litre d'alcool fort qui précipite les dextrines et les matières albuminoïdes, on agite bien et on laisse reposer en lieu frais pendant **24** heures.

On filtre alors et on chasse par distillation la majeure partie de l'alcool. Successivement on agite le liquide avec :

1° De l'éther de pétrole bouillant au-dessous de 60° ; **2°** du benzol pur ; **3°** du chloroforme ; puis après avoir rendu le liquide alcalin avec de l'ammoniaque, on répète les trois épuisements ci-dessus ; mais avant d'alcaliniser il faut agiter une dernière fois avec de l'éther de pétrole pour enlever les dernières traces de chloroforme. La bière pure traitée comme ci-dessus présente les caractères suivants :

Extrait de la solution acide. — 1° L'éther de pétrole donne un résidu à peine amer ; l'acide sulfurique pur et concentré, dissout la partie solide en jaune, même réaction avec l'acide azotique ; la solution dans l'acide chlorhydrique est presque incolore. 2° Le benzol dissout un peu de résines présentant les mêmes réactions que celles enlevées par l'éther de pétrole. Le résidu dissout dans l'acide sulfurique à 2 0/0 ne donne pas de précipité avec les réactifs ordinaires des alcaloïdes, la solution ne réduit pas le chlorure d'or ni à chaud ni à froid. L'addition d'acide phosphomolybdique trouble la solution au bout de quelque temps. Le résidu de l'évaporation du chlorofoome présente les mêmes caractères.

Extraits de la solution ammoniacale. — 1° Le benzol extrait un peu d'une substance pouvant cristalliser dans l'éther, mais ne représentant aucune réaction des alcaloïdes.

2° Le chloroforme se comporte comme ci-dessus, à l'aide de cette méthode on peut découvrir les fraudes suivantes :

Absinthe. — L'extrait éthéré provenant du traitement acide donne l'odeur d'absinthe.

Le résidu se dissout en brun dans l'acide sulfurique concentré, le liquide passe au violet au contact de l'air. Si on dissout le résidu dans l'acide sulfurique concentré contenant un peu de sucre, on obtient un liquide rouge-violet.

Une solution aqueuse du résidu éthéré, filtrée, réduit l'azotate d'argent ammoniacal, précipide l'iodure de potassium et de mercure, ainsi que le chlorure d'or. Le tannin, le bromure de potassium bromé, l'iodure de potassium iodé, l'azotate de protoxyde de mercure, ne donnent qu'un léger trouble.

On n'obtient pas les réactions ci-dessus avec la solution ammoniacale.

Trèfle d'eau (Menyanthes trifoliata). — 1° Le résidu éthéré provenant du traitement de la solution acide contient des traces de principes amers.

2° Le benzol dissout la ményanthine, caractéristique par son goût.

3° Le chloroforme même caractère que le benzol, mais plus accentué. Le résidu sec traité par l'acide sulfurique à 10 0/0 développe l'odeur de ményanthol, l'azotate d'argent ammoniacal et la liqueur de Fehling sont réduits. La solution sulfurique ci-dessus précipite l'iodure de potassium iodé, le tannin, le chlorure d'or et l'iodure double de potassium et de mercure. La solution ammoniacale ne donne rien de particulier.

Quassia. — 1° La solution acide traitée par l'éther de pétrole dissout très peu de quassine.

2° Le benzol dissout la quassine.

3° Le chloroforme dissout davantage la quassine.

Le résidu, d'une amertume caractéristique, colore en rouge pâle l'acide sulfurique additionné de sucre. En solution aqueuse, il réduit le chlorure d'or et l'azotate d'argent ammoniacal. Il précipite l'iodure double de potassium et de mercure, l'iodure de potassium iodé et le tannin.

Coloquinte. — 1° L'éther de pétrole ne donnera rien.

2° Le benzol ne donnera rien.

3° Le chloroforme donne par évaporation un résidu contenant la colocynthine. Ses caractères sont les suivants :

Elle est excessivement amère, réduit la liqueur de Fehling, se dissout en rouge dans l'acide sulfurique concentré, en violet dans le réactif de Frœhde (voir page 38). Le tannin donne un précipité.

Aloès. — Il faut précipiter la bière non avec l'acétate basique, mais avec de l'acétate neutre de plomb et non employé comme dissolvant l'alcool amylique. L'extrait sec donne le goût caractéristique de l'aloès. On obtient des précipités avec le bromure de potassium bromé, l'acétate basique de plomb et le nitrate de protoxyde de mercure, des réductions avec la liqueur de Felhing et le chlorure d'or. Le tannin donne un précipité soluble dans un excès de réactif. L'extrait sec humecté par de l'acide nitrique concentré, puis chauffé au bain-marie pour évaporer l'acide donne une coloration rouge à chaud avec la potasse et le cyanure de potassium.

Remarque. — La bière pure traitée de la même façon abandonne à l'alcool amylique une substance que le tannin précipite, mais insoluble dans un excès de réactif. Cette substance donne la même réaction avec le nitrate de protoxyde de mercure, mais ne donne rien avec les autres réactifs.

Gentiane. — On traite la bière par l'acétate neutre de plomb et on précipite l'excès de plomb par l'acide sulfurique, on évapore à consistance sirupeuse et on soumet à la dialyse l'extrait acidulé par l'acide nitrique.

Le principe amer de la gentiane passe à travers la membrane du dialyseur. On neutralise l'eau contenant la substance amère et on précipite par l'acétate neutre de plomb. On filtre ; au filtrat on ajoute de l'acétate basique de plomb et de l'ammoniaque. On précipite ainsi le principe amer. On filtre, on lave le précipité et on le décompose par l'hydrogène sulfuré et on agite ensuite la solution avec du benzol ou du chloroforme. Le résidu d'évaporation contient le principe amer de la gentiane. Les caractéristiques sont :

La solution aqueuse se colore en brun-noir par le perchlorure de fer. L'azotate d'argent ammoniacal et la liqueur de Fehling sont réduits.

On obtient un précipité par le nitrate de protoxyde de mercure, le bromure de potassium bromé, le chlorure d'or et l'acide phosphomolybdique ; on obtient seulement un trouble avec le chlorure de mercure et l'iodure de potassium et de mercure.

Acide picrique (procédé de Vitali). — On agite 10 cc.

de bière avec 5 cc. d'alcool amylique. On décante l'alcool amylique et on l'évapore. On traite le résidu à chaud par le cyanure de potassium et le sulfure d'ammonium, une coloration rouge sang indique l'acide picrique.

CHAPITRE VIII

*Analyse des produits accessoires employés
dans la fabrication de la bière*

Rendement du riz, maïs, ou grain cru en général. —
25 gr. de malt, dont le rendement est connu, sont pulvérisés finement et mis à macérer dans 100 cc. d'eau à la température ambiante pendant six heures environ en agitant de temps en temps. D'autre part on pèse 25 gr. du grain à analyser et finement pulvérisé, on ajoute 100 cc. d'eau et on porte à l'ébullition pour faire éclater les grains d'amidon de la céréale. On laisse alors refroidir à 45° et tout en agitant bien, on verse dans le brassin l'infusion froide de malt préparée précédemment. On continue le brassin comme il a été dit à la recherche de l'extrait dans le malt page 90. On calcule le rendement du grain cru en tenant compte du rendement du malt

Glucose. — Les glucoses employés en brasserie doivent être aussi blancs que possible. La teneur en matières fermentescibles doit être au moins de 53 0/0 et la teneur en cendres ne devrait pas dépasser 0 gr. 500 par 100 gr. de glucose. Les cendres devraient être exemptes de nitrates et de fer, plomb, cuivre et arsenic.

Humidité. — On dessèche 10 gr. de glucose à l'étuve à 105° C. jusqu'à siccité.

Cendres. — On incinère ensuite le glucose provenant de l'opération précédente. Il faut chauffer au rouge sombre seulement.

Glucose. — On pèse exactement 1 gr. de la matière qu'on introduit dans un ballon jaugé à 100 cc. On ajoute environ 50 cc. d'eau distillée, on agite et lorsque la dissolution est achevée on affleure à 100 cc. avec de l'eau distillée. On agite bien, on filtre s'il y a lieu et on en remplit une burette graduée en 1/10 de cc. On opère à la manière habituelle sur 10 cc. de liqueur de Fehling qui correspondent à 0 gr. 05 de glucose.

Sucre fermentescible. — Dans l'appareil (fig. 50) on introduit 5 gr. de glucose dissout dans un peu d'eau,

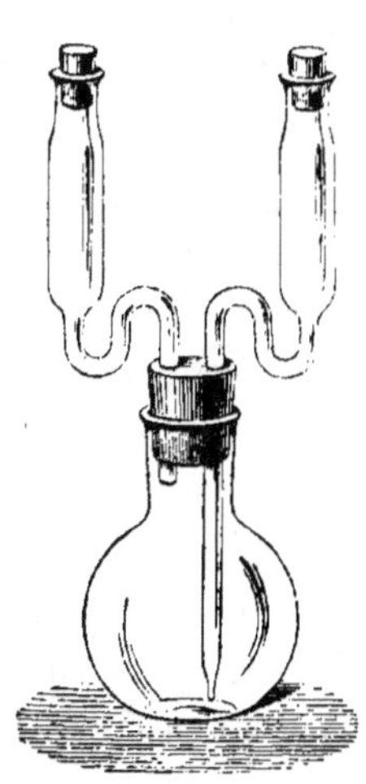
Fig. 50.

environ 20 cc. de levure fraîche et 0 gr. 050 d'acide tartrique. On laisse fermenter à une température de 30° C. pendant quelques jours. Lorsque la fermentation est terminée, on porte l'appareil dans l'eau bouillante pendant quelques minutes pour chasser l'acide carbonique. La vapeur d'eau formée est retenue par le chlorure de calcium qui se trouve dans le tube de l'appareil.

La différence entre le poids de l'appareil avant fermentation et après fermentation indique le poids d'acide carbonique formé.

Or d'après l'équation ci-dessus :

$$C^6H^{12}O^6 = 2CO^2 + 2C^2H^6O,$$

100 parties de glucose dégagent 48,3 d'acide carbonique. Pratiquement on calcule le glucose en se basant sur ce que 1 partie d'acide carbonique correspond à 2,16 de glucose.

Détermination du sucre fermentescible par le saccha-
rimètre à fermentation. — L'appareil se compose d'un
tube en verre à deux branches inégales. La petite
branche porte un renflement (fig. 51) et peut être fermée
par un bouchon de verre. Ce bouchon ainsi que le col
du tube sont percés d'un petit trou. En tournant le bouchon de verre dans sa douille on
peut donc ouvrir ou fermer, par la juxtaposi-
tion de ces trous, la petite branche du tube.
L'appareil est muni d'une échelle. Pour se
servir de l'appareil, on met du mercure dans
la boule, de façon que le niveau vienne un
peu en dessous du **0** de l'échelle. On fait
d'autre part une solution à 5 0/0 du glucose
à essayer dans l'eau. On introduit alors 0 cc. 5
de cette solution dans la boule avec **2** ou **3**
gouttes d'eau de levure. Puis mettant le
bouchon, on fait coïncider les trous et en
inclinant l'appareil on amène le niveau du
mercure au **0** de l'échelle. On tourne alors

Fig. 51.

le bouchon et pour fermer hermétiquement, on charge
le bouchon d'un poids. On laisse alors fermenter à **20° C.**

Pour pouvoir se servir de l'appareil à différentes
températures, les échelles sont calculées pour **20** et
35 centigr. Si la fermentation se fait à **20** centigr., on
consulte l'échelle à droite, si elle se fait à **35** centigr.,
celle à gauche.

Les échelles indiquent directement les 1/10 0/0 s'il
s'agit de petites quantités de sucre. — La fermentation
est finie aussitôt que la colonne de mercure ne monte
plus, pour arriver à ce point il faut selon la température 1 à 5 heures.

On fait refroidir maintenant le saccharimètre jusqu'à
la température à laquelle on l'a rempli et après cela on
peut lire le résultat sur l'échelle à droite. Mais pour

obtenir un résultat tout à fait exact, on procède comme suit :

Supposons que H 20 et H 35 soient les résultats marqués sur les deux échelles et T soit la température, à laquelle le saccharimètre a été rempli et refroidi après la fermentation, la quantité du sucre en 0/0 serait calculée d'après la formule suivante :

$$H = H\,35 + \frac{H\,20 - H\,35}{15}(35 - T).$$

H 35 soit par exemple = 4,5 ; H 20 = 5,0 et mettons pour T = 25° C. la formule serait :

$$H = 4,5 + \frac{5.0 - 4.5}{15}(35 - 25),$$

$$H = 4,5 + \frac{0.5}{15}\,10,$$

$$H = 4,5 + 0,33 = 4,83\ 0/0.$$

Analyse des cendres. — Les cendres sont traitées par l'acide chlorhydrique à chaud, puis on sature exactement l'acide en excès par la soude. On plonge dans cette solution une lame de canif, elle se recouvre de cuivre si ce métal existe dans les cendres. Si on oxyde les sels de cuivre par l'acide nitrique et qu'on traite ensuite par le cyanoferrure de potassium, on obtient un précipité rouge-brun-marron.

Pour déceler le fer, le liquide provenant du traitement des cendres par l'acide chlorhydrique donne, avec le ferrocyanure, un précipité blanc bleuâtre, devenant bleu à l'air et immédiatement sous l'influence du chlore, le ferricyanure donne un précipité bleu, si on oxyde par l'acide nitrique les réactions sont les suivantes :

Avec le cyanoferrure de potassium, précipité de bleu de Prusse.

Le sulfocyanure de potassium ou d'ammonium donne même avec les plus faibles traces de fer une magnifique coloration rouge sang. Pour la recherche du plomb, on dissout les cendres dans l'acide nitrique, puis on sature exactement l'acide libre par de la soude ou de la potasse. Le plomb est décelé par les réactions suivantes :

L'hydrogène sulfuré donne un précipité noir soluble dans un excès de réactif. Les carbonates alcalins donnent un précipité blanc insoluble dans un excès de réactif. Potasse ou soude, précipité blanc d'hydrate de protoxyde soluble surtout à chaud dans un excès de réactif. Iodure de potassium, précipité jaune d'iodure de plomb, soluble dans un excès de réactif.

Chromate ou bichromate de potasse, précipité jaune de chromate de plomb neutre, soluble dans la potasse caustique et dans l'acide azotique.

Pour la recherche de l'arsenic, on traite comme précédemment par l'acide nitrique et on sature. L'hydrogène sulfuré donne un beau précipité jaune clair. Le zinc métallique donne un précipité d'arsenic avec dégagement d'hydrogène arsénié. L'azotate d'argent donne un précipité rouge brique d'arséniate d'argent très soluble dans les acides et l'ammoniaque ; aussi doit-on opérer sur des liqueurs neutres.

On décèle les nitrates en traitant les cendres dans un petit tube à essai avec quelques gouttes d'acide sulfurique et de la tournure de cuivre ; il se dégagera des vapeurs rutilantes rouge, s'il y a des nitrates.

Analyse des sirops. — On se contente généralement de doser le sucre de la façon suivante :

5 cc. de sirop sont portés à 50 cc. avec de l'eau distillée et on ajoute 5 cc. d'acide chlorhydrique, on porte au b.-m. dans l'eau bouillante pendant 5 minutes.

On neutralise ensuite exactement l'acide par une

solution de soude et après refroidissement on complète à 100 cc. Dans cette solution on dose le sucre par la liqueur de Fehling suivant la méthode courante soit n, le volume de solution employée pour décolorer 10 cc. de liqueur de Fehling, la quantité de sucre exprimée en glucose sera trouvée en appliquant la formule ci-dessous :

$$\left(\frac{0,05 \times 100}{n} \right).$$

On peut rechercher approximativement la richesse saccharine d'un sirop exempt de dextrine de la façon suivante :

Le sucre a une densité de 1600, la densité de l'eau étant de 1000. Ce qui revient à dire qu'un litre d'eau pèse 1000 gr. et un litre de sucre pèse 1600 gr.

10 cc. d'eau pèseront donc 10 gr., et 10 cc. de sucre pèseront 16 gr.

Si donc dans un flacon jaugé de 1000 cc. je mets 990 cc. d'eau et 10 cc. de sucre soit 16 gr. de sucre, le volume n'aura pas changé et j'aurai encore 1000 cc. de liquide, mais le poids aura varié au lieu de 1000 gr. que pesait l'eau pure, la solution sucrée pèsera :

$$990 \text{ gr.} + 16 \text{ gr.} = 1006 \text{ gr.}$$

La densité de la solution sera donc 1006 d'où :
à 6 millièmes de densité correspond 16 gr. de sucre,

$$\text{à } 1 \quad - \quad - \quad \frac{16}{6} = 2 \text{ gr. } 66.$$

d'où la règle :

Pour trouver la richesse saccharine d'un sirop, il suffit d'en prendre la densité et de multiplier le nombre de millièmes représentant la densité au-dessus de 1000 par 2 gr. 66.

Exemple :

Soit 1200 la densité trouvée : $200 \times 2,66 = 532$ gr. de sucre par litre.

Dextrine dans les sirops. — 50 cc. de sirop sont additionnés de 350 cc. d'eau et de 15 cc. d'acide chlorhydrique et chauffés pendant 3 heures au b.-m. à 100° dans un ballon armé d'un réfrigérant à retour de vapeur. Au bout de ce temps, on laisse refroidir, et on sature exactement l'acide par de la soude. On polarise par la méthode habituelle (voir page 110) et on recherche la quantité correspondante de glucose. Du glucose trouvé, on retranche le glucose dosé par la liqueur de Fehling pour la recherche des sucres, la différence indique le glucose provenant de la transformation de la dextrine. Ce chiffre multiplié par 0,9 donnera la dextrine correspondante.

Acide tartrique. — On recherche la quantité 0/0 d'acide tartrique pur de la façon suivante :

On pèse exactement 7 gr. 482 d'acide tartrique qu'on porte dans un ballon jaugé à 100 cc.

On ajoute 50 cc. d'eau distillée après dissolution, on complète à 100 cc. d'eau distillée. On titre avec la potasse normale en présence de la phénolphtaléine, le nombre de centimètres cubes de potasse normale indique la richesse centésimale de l'acide tartrique :

Exemple :

On a employé 99 cc. 8.

L'acide tartrique titre 99 gr. 8 0/0 d'acide tartrique.

Acide acétique. — On pèse exactement 5 gr. 986 de l'acide à essayer qu'on porte exactement à 100 cc. avec de l'eau distillée. On titre avec la potasse normale en prenant comme indicateur la phénolphtaléine.

On a dû employer 75 cc. 2. Le titre de l'acide considéré sera de 75 gr. 2 d'acide acétique cristallisable 0/0.

Acide lactique. — On pèse exactement 9 gr. d'acide

à essayer qu'on introduit dans un ballon jaugé à 100 cc. On affleure avec de l'eau distillée. On dose l'acide lactique à l'aide de la potasse normale en présence de la phénolphtaléine.

Le nombre de centimètres cubes de potasse employée indique la richesse centésimale en acide lactique.

Exemple : Il a fallu 51 cc. 8 de potasse.

L'acide lactique titre 51 gr. 8 0/0 d'acide lactique $(C^3H^6O^3)$.

Acide sulfureux. — On place 5 cc. de solution d'acide sulfureux dans une petite capsule en porcelaine et on ajoute environ 15 à 20 cc. d'eau distillée et on dose l'acide sulfureux (SO^2) avec une solution normale de potasse. On prendra comme indicateur soit la phénolphtaléine, soit l'orange de méthyle.

Avec le premier indicateur, le changement de couleur se produit dès que l'acide sulfureux est transformé en sulfite neutre de potasse SO^3K^2 et dans ce cas. 1 cc. de potasse employée représente $\dfrac{0 \text{ gr. } 003195}{2}$ d'acide sulfureux, tandis que si on emploie l'orange de méthyle le changement de couleur s'opère lorsque tout l'acide sulfureux est transformé en sulfite acide de potasse SO^3KH et dans ce cas 1 cc. de potasse correspond à 0 gr. 003195 de SO^2.

Bisulfite de chaux. — On porte 10 cc. de bisulfite dans un ballon jaugé à 100 cc. et on complète le volume avec de l'eau distillée et on mélange bien. Dans le ballon A d'une capacité de 300 cc. environ (fig. 52), on introduit 10 cc. du liquide ci-dessus, 20 cc. d'acide chlorhydrique et environ 100 cc. d'eau.

On chauffe le ballon à l'ébullition pendant qu'on y fait passer un courant d'acide carbonique, le gaz sulfureux formé est entraîné et va barboter dans le verre B contenant un excès de solution de chlorure de baryum

iodée. Il se forme du sulfate de baryte qui précipite.
Lorsque toute précipitation a cessé on arrête l'opéra-

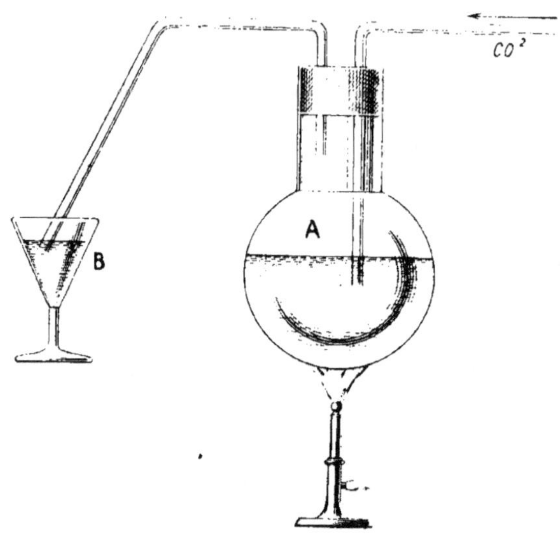

Fig. 52.

tion et on recueille le sulfate de baryte avec les précautions indiquées page **22**.

Le poids de sulfate de baryum trouvé multiplié par **0 gr. 274** puis par **100** donnera la teneur en SO^2 par **100 cc.** de bisulfite.

Métabisulfite de soude ou de potasse. — On pèse **10 gr.** du produit qu'on pulvérise finement et qu'on introduit dans un ballon jaugé de **100 cc.** avec **75 cc.** d'eau environ. après dissolution on affleure à **100 cc.** avec de l'eau distillée et on opère comme pour l'analyse du bisulfite de chaux.

Clarifiants

Extrait sec. — On pèse **5 gr.** de clarifiant à la balance de précision et on fait évaporer à l'étuve à **100-105° C.**

jusqu'à poids constant. Un bon clarifiant doit donner de 3 à 4 0/0 d'extrait sec.

Acide sulfureux. — On pèse 10 gr. de clarifiant qu'on allonge avec 50 cc. d'eau et on traite comme il a été dit pour le dosage de l'acide sulfureux (page 187, bisulfite de chaux).

Acide tartrique. — Le résidu de la recherche de l'acide sulfureux contient l'acide tartrique qu'on ajoute dans le clarifiant pour dissoudre la colle de poisson.

La quantité d'acide ne doit pas dépasser 1/2 0/0.

Avant de faire le dosage de l'acidité, il faut bien s'assurer qu'on a affaire à l'acide tartrique, car par esprit de lucre, on ajoute quelquefois un acide minéral tel que l'acide sulfurique.

Très rarement on ajoute de l'acide acétique.

Colorant

Caramel glucosique.

Densité. — Le bon colorant de brasserie doit marquer 44° Baumé.

Pouvoir colorant. — On établit le pouvoir colorant au calorimètre en prenant comme comparaison une liqueur type quelconque, par exemple de l'eau distillée à laquelle on ajoute une solution d'iode.

Matières colorantes étrangères. — Dans le but de renforcer le pouvoir colorant du caramel, on ajoute quelquefois des couleurs d'aniline.

La recherche de cette fraude est très délicate et ne saurait rentrer dans le cadre restreint de cet ouvrage. Le lecteur trouvera des renseignements précieux à ce sujet en consultant l'ouvrage de MM. Girard et Dupré.

Méthode officielle pour déterminer la teneur des matiè-

res fermentescibles dans les caramels. — Peser **100** gr. de caramel.

Ajouter **300** gr. d'eau, neutraliser au moyen de carbonate de soude.

Ajouter **15** centimètres cubes d'acide sulfurique normal, faire bouillir pendant **3** minutes.

Refroidir, étendre à **1** litre.

Mettre dans un flacon de **2** litres le liquide ainsi dilué et acidulé.

Le bouchon sera percé et portera un tube en S avec du mercure.

Maintenir le flacon à **27-28°** pendant trois jours. Au bout de ce temps, porter tout le liquide fermenté dans un ballon de **2** litres surmonté d'un tube Lebel-Schœsing équivalent à dix boules d'un appareil Lebel-Henninger. Distiller lentement au bain de sable et recueillir **100** centimètres cubes qui contiennent tout l'alcool produit par la fermentation.

Prendre le degré de ce liquide spiritueux au moyen d'un alcoomètre.

La quantité de matières fermentescibles contenue dans le caramel sera calculée, en admettant que **100** gr. de glucose donnent **60** c. d'alcool, ce qui revient à multiplier le nombre de centimètres cubes trouvés par **0,6**.

Il pourrait arriver que des antiseptiques divers soient incorporés aux caramels afin d'empêcher que la fermentation se développe normalement et, par suite, d'éviter que l'opérateur découvre la proportion exacte de matières fermentescibles.

Pour prévenir ces manœuvres, le ministre a décidé que toutes les fois que, dans les caramels à éprouver, la présence d'antiseptiques serait constatée ou même soupçonnée, le Laboratoire pourrait déterminer la teneur en sucre indécomposé de ces produits à l'aide de méthodes autres que celle de la fermentation (dialyse, liqueur de Fehling, etc.) et que serait considéré, comme succédané du malt, le caramel qui, d'après ces dernières méthodes, accuserait une teneur de plus de 7 0/0 en matières alcoolisables.

Je prie les directeurs de porter les dispositions de la présente circulaire à la connaissance du service et des industriels intéressés.

Circulaire n° 463 du 30 septembre 1901. — Il résulte de cette décision que s'ils veulent éviter l'imposition des caramels qu'ils emploient, les brasseurs doivent obtenir des fabricants ou marchands de ce produit qu'il ne leur soit vendu que des caramels n'accusant pas plus de 7 0/0 de sucre indécomposé, à l'analyse officielle décrite par la circulaire 463 précitée.

Le conseiller d'État,

Directeur général,

Signé : COURTIN.

Poix. — On déterminera le point de fusion ainsi que la solubilité dans l'eau alcoolisée à 5 0/0.

Point de fusion. — On prend un morceau de poix de 10 gr. environ que l'on fait fondre sur un côté en l'approchant d'un bec de gaz, puis profitant du ramollissement de la poix, on la colle au réservoir d'un thermomètre donnant le 1/2 degré. Lorsque la poix est refroidie, on plonge le thermomètre muni de sa poix dans de l'eau à 30° environ. Puis on fait chauffer lentement cette eau en agitant pour rendre la température homogène. Dès que la poix se décolle du thermomètre, on note la température de ce moment et on obtient ainsi le point de fusion de la poix.

Ce procédé ne donne qu'un renseignement approximatif, mais suffisant pour la pratique.

Une bonne poix doit fondre de 40° à 45° C.

Essai à l'alcool à 5 0/0. — On fait une solution d'alcool à 5 0/0 dans l'eau distillée. Dans cette solution, on fait macérer de la poix en poudre pendant 4 jours en agitant fréquemment. On filtre ensuite et on goûte la solution qui ne doit pas avoir de goût prononcé.

On fait évaporer un peu du liquide. Il ne doit pas laisser de résidu.

CHAPITRE IX

Analyse de la levure

Pour les différents essais à exécuter avec la levure, il faut posséder l'outillage suivant :

Etuve à flamber. — C'est une étuve en tôle d'acier

Fig. 53.

Fig. 54.

(fig. 53) à double parois ; elle est chauffée à la partie inférieure par un bec Bunsen et les gaz chauds de la combustion circulent dans l'intervalle de la double parois. Cette étuve sert à stériliser la verrerie. L'étuve de 15 cm. de haut sur **28** de large et **28** de profondeur et coûtant **70** francs est suffisante.

Autoclave. — Il consiste en un réservoir (fig. 54) en cuivre rouge brasé ou en bronze muni d'un couvercle maintenu à l'aide d'une forte vis.

Le couvercle porte en outre une soupape de sûreté, un petit robinet, et un manomètre. Dans le fond de l'autoclave se trouve un faux-fond en cuivre percé de trous, et se trouvant à environ 4 à 5 cm. du fond.

Pour se servir de cet appareil, on remplit l'espace compris entre le fond et le faux fond de l'autoclave avec de l'eau, puis on place les vases contenant les liquides à stériliser et on assujettit le couvercle à l'aide de la vis, puis on chauffe jusqu'à ce que le manomètre soit à

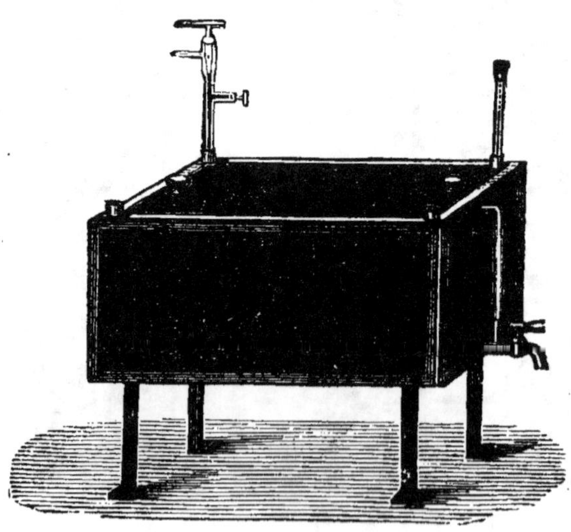

Fig. 55.

2 kg., ce qui correspond à une température de **120°** C. On maintient généralement cette pression **20** minutes pour obtenir une stérilisation complète. Pour ouvrir l'autoclave, il faut prendre quelques précautions.

On éteint d'abord le bunsen, puis on ouvre doucement le robinet du couvercle pour laisser s'échapper la vapeur, lorsque toute la pression est tombée, on peut ouvrir l'autoclave sans danger.

Étuve à incubation. — Il s'en fait de différents modèles. La figure 55 représente la plus simple. Elle consiste en une caisse métallique à double parois. Le dessus de cette caisse est fermée par un couvercle métallique recouvert de calorifuge. Les parois extérieures de la caisse sauf le fond sont recouvertes également de calorifuge. On remplit l'espace compris entre les deux parois avec de l'eau. Un niveau d'eau extérieur indique la hauteur du liquide. Cette étuve est chauffée par un bec bunsen placé sous l'étuve. On peut intercaler dans la conduite de gaz un régulateur de température.

Cette étuve est sans contredit la plus simple qui existe, mais elle a l'inconvénient d'être difficile à régler pour obtenir une température constante. De plus, pour surveiller les

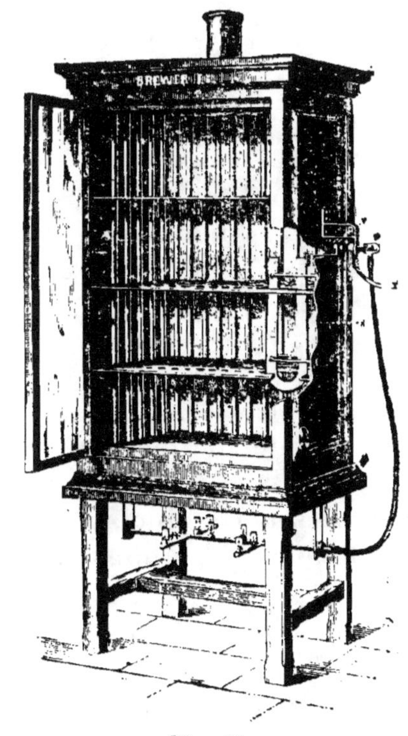

Fig. 56.

liquides en fermentation, il faut l'ouvrir fréquemment.

L'étuve (fig. 56) est bien préférable. Elle a la forme

d'une armoire et les liquides en fermentation sont placés sur des rayons disposés dans l'étuve. Le chauffage se fait par thermosyphon et la porte de l'étuve étant vitrée, il est facile de surveiller les fermentations sans ouvrir l'étuve.

Microscope. — Un bon microscope à charnière d'une bonne marque grossissant **800** à **1.000** fois avec éclairage d'abbe, mouvement à crémaillère et vis micrométrique est suffisant.

Verrerie. — Il faut se munir de fioles d'Erlenmayer de 150-250-500 c. et 1 litre. Il faut également des boî-

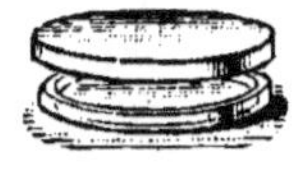

Fig. 57.   Fig. 57 *bis.*

tes de Pétri (fig. 57 *bis*), des ballons à culture (fig. 57), des fils de platine pour ensemencement, des pipettes Chamberland, une lampe à alcool pour flamber, des lamelles porte-objets et des lamelles couvre-objets, un entonnoir à filtrations chaudes (fig. 58).

Préparation des milieux de culture

Bouillon de Touraillons :

Sucre ordinaire .	50	grammes
Touraillon . . .	100	—
Eau	1.000	—

Faire macérer les touraillons dans l'eau à 55°-58° C. pendant une heure, ensuite ajouter le sucre et porter à l'ébullition pendant un quart d'heure, puis filtrer sur un filtre ordinaire.

On introduit alors ce bouillon dans un ballon à fond plat, de **2** litres soigneusement nettoyé et qu'on a

Fig. 58.

porté à **170°** C. pendant une demi-heure dans l'étuve à flamber. Le col du ballon est muni d'un tampon de ouate pour empêcher toute rentrée de poussière ou de germes.

Le ballon contenant le bouillon est alors introduit dans l'autoclave contenant un peu d'eau, et on porte le tout à **2** kg. de pression soit **120°** C. On maintient cette température pendant **20** minutes. On ouvre alors l'autoclave avec précaution et on filtre le liquide bouillant sur un filtre ordinaire pour séparer les matières albuminoïdes coagulées. On reçoit le filtrat dans un ballon flambé comme précédemment et bouché avec de l'ouate.

On porte encore à l'autoclave à **2 kg.** de pression pendant **20** minutes. On ouvre l'autoclave avec précaution et le liquide du ballon doit rester limpide, sans dépôt. On le porte alors à l'étuve d'incubation et on maintient la température à **28°** pendant **3** jours. Le bouillon ne doit pas fermenter, ni se troubler, s'il a bien été préparé.

Bouillon de malt :

Malt broyé	50 grammes
Phosphate d'ammoniaque.	1 —
Eau	500 —

Délayer le malt dans la moitié de l'eau à 45° C. maintenir cette température **30** minutes, monter en **25** minutes à **70°** C. maintenir cette température une heure, filtrer, ajouter le phosphate d'ammoniaque et le reste de l'eau, porter à l'autoclave à **120°** C. filtrer, reporter à l'autoclave encore à **120°** C. et opérer pour la suite comme pour le bouillon de touraillon.

Bouillon peptone. — Prendre **250** grammes de viande de bœuf bien fraiche, la débarrasser des os, tendons, graisse, aponévrose et hacher finement.

Mettre la viande dans une capsule de porcelaine avec **500** gr. d'eau distillée et laisser le tout au repos pendant **24** heures en lieu frais,

On jette alors le tout sur un linge fin et on recueille le liquide rougeâtre, on porte le poids de ce liquide à **500** gr. en ajoutant de l'eau distillée et on l'additionne de **2** gr. de sel marin et **5** gr. de peptone chapoteaut. On porte alors le bouillon à **37°-40°** C. et on maintien cette température **30** minutes. On porte alors à l'autoclave à **45°** pendant **20** minutes, on filtre sur filtre en papier et on recueille dans un ballon flambé.

Le bouillon ainsi préparé est acide, on le rend neutre ou faiblement alcalin puis on stérilise comme précédemment.

Bouillons gélatinisés. — Tous les bouillons ci-dessus peuvent être solidifiés par addition de 10 0/0 de gélatine. Il faut prendre de la gélatine extra fine. On la coupe en petits morceaux qu'on lave à l'eau distillée et qu'on introduit dans le bouillon à solidifier. On chauffe au bain-marie à 100° jusqu'à dissolution.

On filtre alors ce bouillon sur un filtre en papier mouillé en se servant d'un entonnoir à filtration chaude et on reçoit le filtrat dans des tubes à essais stérilisés. On n'en met que quelques centimètres cubes dans chaque tube. On ferme les tubes à essais avec un tampon d'ouate. Pour stériliser les tubes à essais contenant la gélatine nutritive, il ne faut pas les chauffer au delà de 100° C. car on courrait le risque d'altérer la gélatine.

On chauffe donc ces tubes dans l'eau bouillante pendant un quart d'heure et on répète l'opération pendant 3 jours consécutifs. Les tubes de gélatine nutritive sont alors prêts pour l'usage.

Examen microscopique de la levure. — On prend quelques gouttes de la levure à examiner qu'on porte dans un petit flacon en verre de 30 gr., par exemple; on emplit le flacon aux 3/4 avec de l'eau distillée et on agite vigoureusement. On doit obtenir un liquide louche mais non laiteux. On porte une goutte de ce liquide sur une lamelle porte-objet et on place par dessus une lamelle couvre-objet et on examine au microscope avec un grossissement d'au moins 800 diamètres. On peut trouver la levure associée aux différents microbes des maladies de la bière.

La levure se présente sous forme de globules ronds ou légèrement elliptiques. Vus à un très fort grossissement on peut distinguer une membrane extérieure, très mince chez les cellules jeunes, un liquide intérieur transparent chez les jeunes cellules, plus foncé chez les anciennes, quelques granulations plus nombreuses chez les vieilles cellules. Enfin on peut observer à l'intérieur des cellules de levure à l'aide d'un très fort grossissement un petit bâtonnet paraissant animé d'un mouvement assez vif. Ce phénomène a pu induire en erreur certains observateurs et leur faire croire que la levure pouvait phagociter les ferments de maladie de la bière, ce qui est absolument faux. La levure normale peut présenter quelques vacuoles, sans que leur nombre puisse dépasser trois.

Les levures sauvages ont généralement une forme plus allongée.

Les différents ferments de maladie qu'on peut trouver associés à la levure sont par ordre de fréquence.

Le ferment lactique. — Figure 59-3, composé de petits articles étranglés dans leur milieu et se présentant quelquefois sous forme de chaînettes de **2** ou **3** articles. Le ferment lactique produit l'acide lactique qui donne la dureté des bières.

Le ferment acétique. — Figure 59-6 (*Mycoderma aceti*). — C'est le ferment producteur d'acide acétique. Il rend la bière aigre, on dit que la bière est piquée. Il se présente au microscope sous forme de chaînettes composées de petits articles étranglés dans le milieu. La confusion avec le lactique est impossible car alors que le lactique forme une chaînette de **2** à **3** articles tout au plus, le *Mycoderma aceti* forme de longues chaînettes d'articles.

La sarcine. — Figure 59-7 (*Sarcina*) est composée de cellules sphériques très souvent assemblées par **4** en carré. Ces cellules se rassemblent aussi par **2** ou **3**, mais la forme typique est le carré.

La sarcine trouble la bière et lui donne un goût âcre, acide et très amère.

Le ferment de la bière filante. — Rend les bières filantes et huileuses. Il est composé de globules sphériques réunis en chapelets (fig. 59-5).

Le ferment de la tourne. — Se présente au microscope sous forme de filaments longs (fig. 59-2).

Le ferment butyrique. — Rend la bière putride. Il

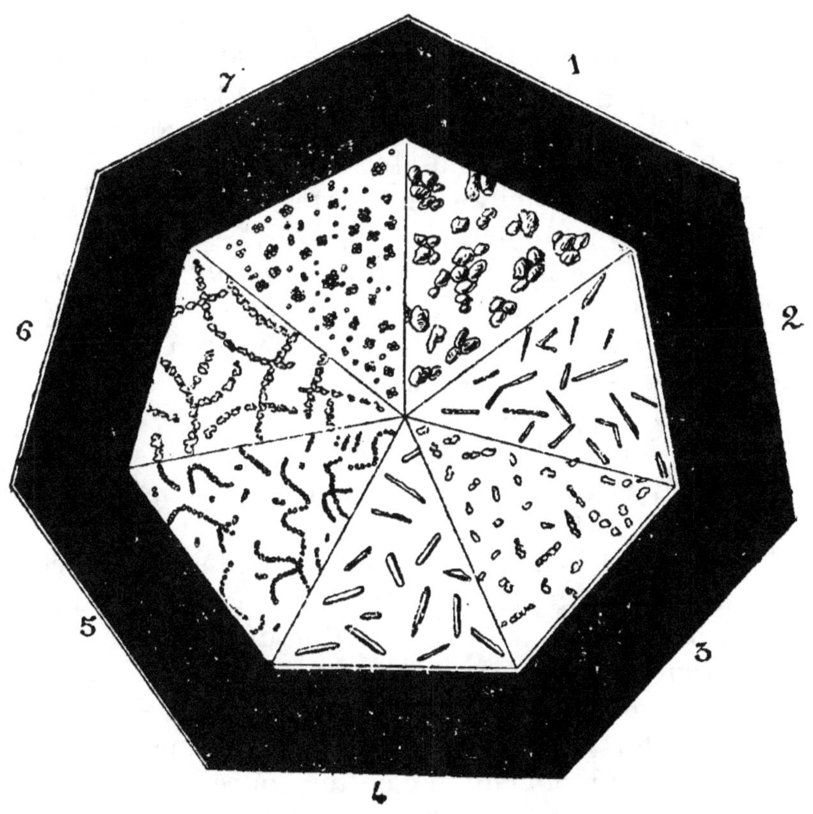

Fig. 59.

se présente sous forme de bâtonnets isolés ou associés par **2, 3** ou **4** (fig. 59-4). Certaines matières solides du moût peuvent gêner l'examen microscopique, on peut s'en débarrasser en traitant la préparation microscopique avec une solution de potasse caustique à **10 0/0**. On pourra faire l'examen comme suit.

On laisse sécher à l'air libre, une goutte du liquide à examiner déposée sur une lamelle. Lorsque la dessiccation est complète, on passe vivement **2** ou **3** fois la lamelle dans la flamme d'une lampe à alcool pour bien fixer la préparation. On verse ensuite sur le liquide séché sur la lamelle une ou deux gouttes d'une solution aqueuse de bleu de méthylène. On laisse une minute en contact puis on fait couler sur la préparation un filet d'eau distillée pour enlever l'excès de couleur. Les microbes et la levure sont alors colorés en bleu. Les cellules de levure vieilles ou mortes sont généralement colorées en bleu foncé.

Culture de la levure en milieu liquide. — *Première méthode.* — On délaye un peu de la levure considérée dans un peu d'eau stérilisée de façon à obtenir un liquide louche, mais non laiteux.

On prend une goutte de ce liquide qu'on laisse tomber dans du moût stérilisé en prenant toutes les précautions d'usage. On porte le moût ensemencé à l'étuve à incubation à **28°**.

Au bout de **48** heures on voit le liquide ensemencé en pleine fermentation ; on prélève une goutte du liquide qu'on porte dans un second ballon de moût stérilisé.

48 heures plus tard on ensemence un troisième ballon avec une goutte du second ballon.

Il y a alors **99** chances sur **100** pour que ce dernier ballon ne contienne qu'une culture pure de levure.

Deuxième méthode. — On se prépare un bout de tube C de **30** à **40** mm. de diamètre bien rodé aux deux extrémités et haut de **5** à **10** mm. A et B sont deux porte-objets, ordinaire en verre (fig. 60). Tout est stérilisé.

On délaye comme tantôt un peu de levure dans de l'eau pure et stérile. D'autre part, on fait fondre au bain-marie à 35°-40° C. un tube à essai contenant 1 cc. environ de moût gélatinisé, on ajoute au moût fondu quelques gouttes de la levure délayée ci-dessus, on

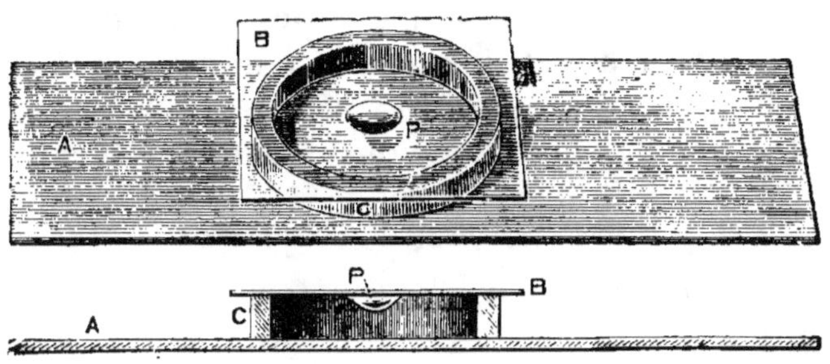

Fig. 60.

rebouche le tube à essai avec précaution, on agite vigoureusement et on verse la gélatine fondue sur la plaque de verre supérieure B, puis on laisse figer la gélatine à l'abri de la poussière.

On renverse alors la plaque B gélatinée, la gélatine en dessous sur le tube C. La gélatine ensemencée se trouve donc enfermée en couche mince sur la plaque B et à l'intérieur du tube C.

On porte le tout à l'étuve à incubation à **28°** pendant quelques jours. On ne tarde pas à voir à l'œil nu de petits points blanc grisâtre.

Ce sont des colonies, soit de microbes, soit de levure et vu la dilution du liquide d'ensemencement, il y a beaucoup de chance pour que ces infiniment petits soient issus de cellules uniques, ce que l'on vérifie au microscope.

Il suffit alors avec un fil de platine de prendre une parcelle de la colonie choisie et d'ensemencer dans du moût stérile pour obtenir une culture de levure pure.

Si l'on veut être tout à fait certain de la pureté de la colonie, on examine la plaque B au microscope et dès qu'on aperçoit une cellule de levure bien isolée, on fait sur la plaque B du côté non gélatiné, un point de repère avec un petit pinceau très fin et un peu de peinture. On peut se servir à cet effet d'appareils spéciaux s'adaptant sur le microscope. On porte alors comme tantôt le tout à l'étuve à 28^0 et dès que la colonie pointe, on en prend une parcelle à l'endroit répéré et on ensemence.

Par le procédé ci-dessus on obtient un levain issue d'une cellule unique.

Classification. Ascospores. — La levure privée de nourriture se sporule. Elle forme à l'intérieur de sa cellule d'autres cellules dont le nombre varie suivant l'espèce. On se sert de cette propriété pour classer les différentes espèces.

En principe le procédé employé consiste à cultiver la levure à étudier sur le bloc de plâtre stérile et humidifié par de l'eau bactériologiquement pure.

Pour plus de détail le lecteur pourra se reporter soit au livre des fermentations de Schutzemberger ou au livre de microbiologie de Duclaux.

Atténuation limite. — On appelle atténuation limite le degré de fermentation qu'un type de levure peut produire. On le recherche de la façon suivante. On introduit **2 gr.** de levure bien pâteuse à étudier dans un ballon contenant **500** cc. de moût de bière dont on a pris le degré saccharométrique, à l'aide du saccharomètre Balling. On porte à l'étuve à **28°** pendant trois jours, puis on recherche le degré d'atténuation produit par la levure par la méthode habituelle (voir page **145**).

Analyse bactériologique de la bière, de la levure, des fonds de tonneaux. — On introduit avec précaution quelques gouttes de bière, une parcelle de levure ou une parcelle de fonds de tonneaux dans un petit ballon contenant du moût stérilisé. On maintient à l'étuve à 28° C. pendant quelques jours, puis on examine le dépôt des ballons au microscope.

Analyse bactériologique de l'eau. — On procédera comme ci-dessus, mais on fera deux cultures. L'une dans du moût de bière stérile et l'autre dans un bouillon de peptone également stérile. Les levures et certains ferments se développent de préférence dans le premier milieu ; les autres microbes se développeront mieux dans le bouillon.

Recherche du nombre de bactéries contenues dans l'eau. — On fait fondre à une douce température 3 tubes contenant de la gélatine nutritive stérile et on y introduit avec précaution, dans le premier 1 cc. de l'eau à analyser, dans le second 0 cc. 5 et dans le troisième 0 cc. 25. On verse alors chacun de ces tubes sur une boîte de Pétri, et on laisse à l'étuve le plus longtemps possible. Dix jours si possible.

Il faut vérifier ces plaques chaque jour et arrêter l'opération si quelques colonies liquéfiaient la gélatine. Si la gélatine ne se liquéfie pas, au bout de dix jours environ, on compte les colonies. Pour cela on dispose les boîtes de Pétri sur des feuilles de papiers divisées en carrés de 1 cm. de côté. On compte les colonies de quelques carrés on fait une moyenne et on multiplie le chiffre trouvé par la surface de la boîte.

Exemple :

Soit une boîte de 78 cmq.

Un centimètre carré contient . . .	12	bactéries
Un autre centimètre carré contient .	9	—
Un — — .	14	—
Un — — .	11	—
Un — — .	20	—
Total	66	—

Soit une moyenne de **13** bactéries par cmq.

Dans **78** cmq. ou dans **1** cc. de l'eau considérée il y aura donc $78 \times 13 = 1014$ bactéries.

Comme contrôle on doit trouver un résultat proportionnel, avec les deux autres boîtes de Pétri.

Analyse bactériologique de l'air. — On prendra une pipette de Chamberland contenant du moût de bière stérile et on aspirera par le tube non effilé de la pipette de l'air du local où on veut vérifier la pureté de l'atmosphère.

Puis avec précaution, on transvase le liquide de la pipette dans un ballon à culture flambée, qu'on porte à l'étuve à **20°** C. pendant quelques jours. On examine ensuite au microscope le liquide fermenté.

Force fermentative de la levure. — L'appareil de M. Billet donne de bonnes indications à ce sujet.

Voici la description qu'en donne l'auteur, notons en passant que cet appareil peut servir aussi pour le dosage approximatif des sucres.

Avant d'entrer dans les détails de l'emploi de l'instrument, nous indiquerons brièvement la théorie de son fonctionnement et les bases sur lesquelles il a été construit.

On sait, depuis les travaux de M. Pasteur, que la formule de transformation du sucre en alcool n'est pas exactement celle qui avait été proposée par Gay-Lussac.

Une certaine proportion du sucre ne se transforme pas en alcool et en acide carbonique, mais concourt à la production de substances diverses : glycérine, acide succinique, cellulose, etc., M. Pasteur a constaté que 5 0/0 du sucre échappaient à la fermentation alcoolique dans une fermentation normale, pour former ces divers corps.

On sait aussi que la formule de Gay-Lussac, s'applique au sucre interverti, à la glucose, à la lévulose, en un mot aux sucres fermentescibles de la formule $C^{12}H^{12}O^{12}$.

Le sucre cristallisable ou sucre de canne ayant la formule $C^{12}H^{11}O^{11}$ et ne fermentant pas avant d'être transformé en sucre interverti, $C^{12}H^{12}O^{12}$, éprouve, par l'assimilation d'un équivalent d'eau, une augmentation de poids qui peut être représentée en chiffres ronds par 5 0/0 (exactement 5,26). En d'autres termes, 100 parties de sucre cristallisable deviennent avant de fermenter 105,26 parties de sucre fermentescible (sucre interverti).

Si on applique ces données à la fermentation des sucres d'amidon, de fécule, de raisin, (pommes de terre, grains) on voit que quatre vingt quinze centièmes environ de ces sucres fermenteront alcooliquement, et que le sucre cristallisable augmentant d'environ cinq cinquièmes en poids par sa transformation en sucre interverti, mais éprouvant aussi une perte de cinq centièmes dans la fermentation alcoolique, peut être considéré comme fermentant complètement suivant la formule de Gay-Lussac.

Cette formule étant :

$$C^{12}H^{12}O^{12} \;=\; 4(CO^2) \;+\; 2(C^4H^6O^2).$$
glucose   acide carbonique   alcool

soit pour 100 de glucose, 48,89 d'acide carbonique en poids et 51,11 d'alcool à 100^0 en poids également, ou en volume 64,4 on obtiendra :

Pour 100 kg. de glucose de grains 64 lit. 4 $\times$ 0,95 ou 61 li^t. 20 d'alcool à 100^0 ;

Pour 100 kg. de sucre de canne cristallable : 64 lit. 4 d'alcool à 100^0.

Ces chiffres indiquent la quantité d'alcool théorique existant dans les vins ayant fermenté normalement, ils ne sont jamais complètement atteints dans l'industrie

pour des causes diverses qu'il est inutile d'énumérer
ici, les explications que nous donnons n'ayant pour
objet que de faire comprendre notre appareil.

Il résulte des calculs et chiffres énoncés plus haut,
que si on fait fermenter un poids déterminée de sucre,
100 gr. par exemple, et si après fermentation complète, on pèse la solution sucrée, elle aura perdu
48 gr. 89 d'acide carbonique, et le sucre primitif sera
remplacé par 51 gr. 11 ou 64 cc. d'alcool à 100°. Au
lieu d'opérer cette fermentation dans des vases quel-
conques, et d'évaluer par pesée la perte d'acide carbonique, nous opérons de façon à rendre visible et toujours comparative la marche des fermentations, et en
permettant la pesée automatique des résultats.

Nous avons construit à cet effet un aréomètre à poids
variable (fig. 61) dans la panse duquel s'accomplit la
fermentation, et dont la tige graduée mesure par son
ascension l'intensité et la rapidité de la fermentation.
On introduit dans la panse A de l'aréomètre par l'entonnoir B le mélange de levure et de solution sucrée,
on ajoute peu à peu et même goutte à goutte de l'eau
jusqu'à ce que l'aréomètre, plongeant dans une éprouvette contenant de l'eau à 30° de température, affleure
exactement au 0 de la tige.

Cette tige a un diamètre extérieur de 0 m. 01 et elle
est aussi exactement calibrée que possible, la longueur
de la graduation est de 0 m. 10 et les traits sont dis-
tants l'un de l'autre de un demi-centimètre.

L'instrument aurait eu plus de sensibilité si la tige
avait eu une moindre grosseur, mais alors l'introduc-
tion des liqueurs et de la levure présente de grandes
difficultés. Tel qu'il est, l'erreur ne dépasse pas deux
centièmes, car on peut parfaitement apprécier un
écart de deux millimètres.

La panse contient environ 350 cc. et la solution sucrée

devant fermenter, occupe un volume de 104 à 105 cc.,
la partie vide de la chambre est donc bien suffisante

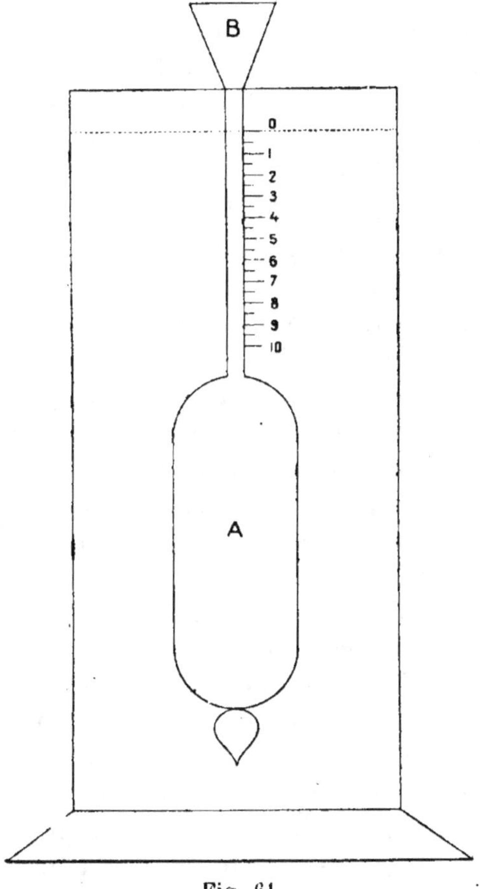

Fig. 61.

pour permettre aux mousses de s'éteindre avant de
pouvoir s'élever dans la tige.

Le déplacement de la tige de 0 à 10 dans de l'eau à
30° de température est de 7 gr. 82, soit par centimètre
de 0 gr. 782. La fermentation complète de 16 grammes

de sucre cristallisable, dégageant 7 gr. 82 d'acide carbonique, ferait donc remonter exactement l'aréomètre jusqu'au chiffre 10.

La description que nous donnons de l'appareil et de son fonctionnement, s'appliquent à un appareil parfait, mais cette perfection est difficile à atteindre en pratique elle n'est du reste pas nécessaire, les indications qu'il est appelé à fournir sont comparatives et ne seront jamais absolues.

Nous passerons en revue les diverses incorrections éventuelles ou nécessaires de l'appareil pour permettre d'en apprécier les limites.

1° Défaut de calibre exact de la tige à 0 m. 01 ;

2° Allègement de l'aréomètre (en dehors de la formule de transformation du sucre) par la faible quantité de vapeur d'eau et d'alcool entraînée ou dissoute dans l'acide carbonique qui se dégage :

3° Différence du poids de l'air, qui remplit la capacité vide de la panse avant le commencement de la fermentation ; avec le poids de l'acide carbonique qui remplit cette même capacité après fermentation. La différence de poids est d'environ 0 gr. 13, soit une influence d'environ un sixième de centimètre sur la tige. Elle est elle-même légèrement variable suivant la diffusion plus ou moins grande d'air dans cet acide carbonique, mais elle est au maximum de un sixième de centimètre ;

4° Nous avons parlé de l'amoindrissement de la sensibilité résultant du fort diamètre de la tige ; nous n'y reviendrons pas.

Mode pratique d'opérer. — Nous nous sommes servi pour nos essais d'une sorte de **liqueur normale** ayant la composition suivante :

Sucre cristallisable	300 gr.
Phosphate d'ammoniaque . .	1 gr. 5
Chlorure de potassium . . .	1 gr. 25

Ces divers composants ont été dissous dans environ 500 cc. d'eau, on y a ajouté 5 grammes d'acide sulfurique et le volume total de la solution a été amené exactement à un litre avec de l'eau. L'aréomètre a été plongé dans une éprouvette contenant de l'eau à **30°**, maintenue à cette température. On a introduit dans l'appareil avec une pipette graduée 50 centimètres cubes de la solution sucrée dont la composition a été donnée ci-dessus (soit 15 gr. de sucre). 5 grammes de levure, exactement pesés, délayés dans **20** centimètres cubes environ d'eau ont été ensuite également introduits, ainsi que l'eau de lavage du vase où la levure avait été préparée (quelques centimètres cubes). On a alors ajouté de l'eau goutte à goutte jusqu'à ce que la tige affleurât au 0 de la graduation. L'instrument retiré de l'éprouvette a été agité pour bien opérer le mélange de solution sucrée, d'eau et de levure, puis remis dans son bain.

La fermentation se déclare rapidement et marche régulièrement jusqu'à la fin : on peut, si on craint une trop grande abondance de mousse, mettre avant affleurement au 0 quelques gouttes d'huile, mais il vaut mieux ne prendre cette précaution qu'en cas de nécessité.

La quantité de levure paraîtra peut-être considérable mais il importe que la fermentation marche vive et comme dans la comparaison à établir entre diverses levures ou diverses solutions sucrées, on emploie les mêmes quantités, les rapports de vitesse ou d'activité restent les mêmes. On remarquera aussi que nous n'avons employé que 15 grammes de sucre au lieu de **16** grammes, quantité théorique pour arriver au degré de **10**, mais comme on peut perdre un certain poids par évaporation d'eau, et d'alcool, il est bon de ne pas employer la quantité théorique de sucre, afin de ne pas dépasser l'échelle graduée.

Applications diverses de l'aréomètre

1° Mesure de la puissance fermentescible d'une levure ;

2° Inversement mesure de la quantité très approximative du sucre fermentescible contenu dans une solution donnée.

3° Analyse approximative des carbonates, alcalins, calcaires, etc.

Mesure de la puissance fermentescible d'une levure

Il est évident que plus une levure sera active, plus elle déterminera rapidement la fermentation et l'accomplira entièrement. Si donc, on veut expérimenter la valeur comparative de deux levures, il suffit de mettre le même poids de chacune d'elles, dans deux aréomètres, d'y ajouter la même quantité de solution sucrée, de plonger les deux instruments dans le même vase d'eau. La plus ou moins grande rapidité relative de l'ascension de l'échelle graduée sera la mesure de l'activité de la levure. Nous avons composé à cet effet la solution de sucre dont nous avons parlé plus haut pour un essai plus ou moins théorique, mais il est évident qu'on peut se servir d'une solution quelconque si on ne recherche que des résultats comparatifs ; cependant, il est bon de conserver la proportion de 15 grammes de sucre environ par opération, afin de rester dans les conditions de construction de l'échelle qui indique un déplacement de 9 à 10 centimètres pour 15 grammes de sucre fermentant complètement.

Exemple : Prendre 5 grammes de chacune des levures à expérimenter comparativement, les délayer dans

20 centimètres cubes environ d'eau, laver dans quelques centimètres cubes d'eau le vase dans lequel a été opéré le délayage, introduire chaque échantillon de levure délayé ainsi que l'eau de lavage du vase dans l'un des aréomètres, mettre également dans chaque aréomètre 50 centimètres cubes de la liqueur sucrée type, ou de tout autre contenant environ 15 grammes de sucre pour les 50 centimètres cubes (acidifier cette dernière avec 0 gr. 20 acide sulfurique) puis enfin compléter le chargement goutte à goutte avec de l'eau jusqu'à affleurement de tous les aréomètres à 0.

Tous ces échantillons de levure, expérimentés avec la même liqueur sucrée, fermentant à la même température, et ayant été mis au même moment en contact avec la solution sucrée, détermineront la fermentation avec une rapidité proportionnelle à leur activité, et après quelques heures, les divers aréomètres se seront plus ou moins élevés.

Supposons que l'un soit à 1°, d'autres à 2°, 3°, 4°, on pourra en conclure que les levures ont une activité proportionnelle comme 1 : 2 : 3 : 4 :

On peut aussi évidemment opérer toujours avec le même instrument, noter heure par heure le déplacement de l'échelle ; et comparer entre eux les résultats de plusieurs opérations successives ; mais il est toujours préférable et plus facile de faire les opérations simultanées dans plusieurs aréomètres plongeant dans la même eau. Dans ces conditions absolument identiques de température, les résultats comparatifs sont plus exacts et d'une bien plus facile lecture.

Mesure de la quantité de sucre fermentescible et par suite du rendement en alcool d'une solution sucrée

Notre aréomètre peut être utilisé non seulement pour

apprécier la puissance fermentescible d'une levure, mais inversement aussi pour apprécier le rendement alcoolique d'une solution sucrée (mélasses, grains) et aussi pour juger des qualités fermentescibles d'une mélasse, en d'autres termes pour reconnaître les mélasses réfractaires à la fermentation. Nous avons vu que 16 grammes de sucre de canne fermentant complètement, produisaient un déplacement de 10° et que l'alcool formé était pour 15 grammes de sucre cristallisable de 10 cc. 30 ; donc chaque degré de l'échelle ou centimètre indiquera une formation de 1 cc. 03. Il suffit donc de connaître le poids de la mélasse à essayer introduite dans l'appareil, d'y mettre un grand excès de bonne levure, et de lire après la fermentation le degré d'affleurement. Si on a mis 30 grammes de mélasse dans l'aréomètre avec la levure, l'acide utile à la fermentation et l'eau nécessaire pour arriver exactement à 0, et si après fermentation l'affleurement est à 9°, il s'est produit approximativement en alcool $1,03 \times 9 = 9$ cc. 27, alcool pour 30 grammes mélasse, soit 30,9 0/0 de la mélasse. Ainsi, pour faire l'analyse industrielle d'une mélasse dans notre aréomètre, il suffit de se rappeler qu'un degré ou centimètre de l'échelle représente 1 gr. 60 de sucre fermentescible ou 1 cc. 3 d'alcool et il sera facile de rapporter ces chiffres au poids de la mélasse introduite dans l'appareil. On peut évidemment avec les mêmes données apprécier la quantité de sucre fermentescible et le rendement alcoolique d'une solution sucrée quelconque.

Si au lieu de vouloir apprécier le rendement approximatif d'une mélasse, on veut juger de ses qualités fermentescibles, on opérera de la même façon ; mais au lieu de mettre un grand excès de bonne levure, on n'en emploiera que la dose industrielle, c'est-à-dire 1 1/2 0/0 de la mélasse.

Si on forçait les doses de levure, on ne serait plus dans les conditions ordinaires du travail et les indications seraient erronées et presque trop en faveur de la mélasse.

Analyse chimique de la levure. — Avant de procéder à l'analyse, on lave d'abord la levure à analyser en l'agitant avec un peu d'eau distillée. C'est la levure qui se dépose dans ce liquide qui sert à l'analyse.

Eau. — On dessèche à 105° 10 grammes de levure jusqu'à poids constant.

Cendres. — On incinérera la capsule provenant de la recherche de l'humidité. Il faut incinérer au rouge sombre jusqu'à obtention de cendres blanches.

Azote. — On porte 2 grammes de levure dans un petit ballon à attaque.

On dessèche au bain-marie, puis on recherche l'azote par la méthode de Kjédahl.

La quantité d'azote trouvée est multipliée par 50, pour avoir l'azote 0/0.

Acide phosphorique. — On opérera sur 2 grammes de matières par la méthode habituelle (voir p. 80).

TABLE DES MATIÈRES

CHAPITRE PREMIER

CHAPITRE II

CHAPITRE III

CHAPITRE IV

CHAPITRE V

CHAPITRE VI

CHAPITRE VII

CHAPITRE VIII

CHAPITRE IX

LAVAL. — IMPRIMERIE L. BARNÉOUD ET Cie.